»Dieses Buch hat Züge eines lyrischen Bildungsromans, es liest sich wie die Geschichte einer Ichwerdung im Medium der Dichtung.«
JÖRG LAU, DIE ZEIT

»Was für ein Dichter!«
VOLKER WEIDERMANN,
FRANKFURTER ALLGEMEINE SONNTAGSZEITUNG

»Yahya Hassan ist so etwas wie der letzte romantische Dichter Europas ... Ein Held.«
TOBIAS RAPP, DER SPIEGEL

»Es ist, als ob Dänemark auf einen solchen Schriftsteller gewartet hätte.«
THOMAS STEINFELD, SÜDDEUTSCHE ZEITUNG

»Der junge Hassan ist nicht nur frech, unbekümmert und intelligent, er ist auch noch ein talentierter Dichter.«
PETER URBAN-HALLE, NEUE ZÜRCHER ZEITUNG

»Yahya Hassan ist die Sensation der dänischen Lyrikszene.«
HANNES GAMILLSCHEG, FRANKFURTER RUNDSCHAU

»Jedes Wort ein Aufschrei. Jeder Buchstabe ein Ausrufezeichen. Jede Zeile eine Provokation.«
SABINE VOGEL, BERLINER ZEITUNG

»In der Tat sind es Gedichte von einer außergewöhnlichen Kraft.«
MARC-CHRISTOPH WAGNER, DEUTSCHLANDFUNK – ANDRUCK

»Wütende Abrechnung mit der Heuchelei und Bigotterie im islamischen Migrantenmilieu. «
FOCUS

»Lapidar, hart, aufbrausend.«
WERNER FRITSCH, HNA HESSISCHE ALLGEMEINE

»Aus der Machtlosigkeit hat er mit Hilfe der Kunst eine äußerst machtvolle Literatur erschaffen.«
CLAUDIA KRAMATSCHEK, SWR2

»Diese Texte haben eine Kraft, einen Sog, der perfekt ausbalanciert ist zwischen Verstörung und Schönheit.«
ALEXANDER WALLASCH, THE EUROPEAN

Das Buch

Yahya Hassans Gedichte sind eine Abrechnung. Seine Sprache ist klar und radikal, sein Ton mal zornig und mit intensivem Beat, dann wieder weich und poetisch, seine Bilder sind eindrucksvoll. Yahya Hassan hat in Dänemark eine Debatte über Migration angestoßen, weil er die gängigen Klischees zerschlägt und uns an die Würde des Menschen erinnert. Seine Gedichte haben einen unwiderstehlichen Sog. Sie sind provokant, leidenschaftlich und virtuos. Und gleichzeitig sind sie erschreckend, weil sie uns Yahya Hassans Leben als Migrant in seiner ganzen Härte vor Augen führen.

Der Autor

Yahya Hassan, geboren 1995, wächst in einem Migrantenviertel in Aarhus, Dänemark, als Sohn palästinensischer Flüchtlinge auf. Sein Vater verprügelt ihn regelmäßig. Früh wird Yahya Hassan kriminell. In einer Besserungsanstalt für straffällige Jugendliche beginnt er, Gedichte zu schreiben.

YAHYA HASSAN

GEDICHTE

Aus dem Dänischen von
Annette Hellmut und Michel Schleh

Ullstein

Besuchen Sie uns im Internet:
www.ullstein-taschenbuch.de

Ungekürzte Ausgabe im Ullstein Taschenbuch
1. Auflage April 2015
© für die deutsche Ausgabe Ullstein Buchverlage GmbH, Berlin
2014/Ullstein Verlag
© Yahya Hassan & Gyldendal, Copenhagen 2013
Titel der dänischen Originalausgabe: *YAHYA HASSAN*
(Verlag Gyldendal, Denmark, Copenhagen, 2013)
Umschlaggestaltung: Sabine Wimmer, Berlin,
nach einem Entwurf von Ida Balslev-Olesen
Satz: LVD GmbH, Berlin
Gesetzt aus der StoneSerif
Papier: Pamo Super von Arctic Paper Mochenwangen GmbH
Druck und Bindearbeiten: CPI books GmbH, Leck
Printed in Germany
ISBN 978-3-548-28718-8

KINDHEIT

FÜNF KINDER IN AUFSTELLUNG UND EIN VATER MIT
  KNÜPPEL
VIELFLENNEREI UND EINE PFÜTZE MIT PISSE
WIR STRECKEN EINS NACH DEM ANDEREN DIE HAND
  AUS
DER VORHERSEHBARKEIT WEGEN
DANN DAS GERÄUSCH WENN DER SCHLAG
  TRIFFT
DIE SCHWESTER AM SPRINGEN
VON DEM EINEN FUSS AUF DEN ANDEREN
DIE PISSE EIN WASSERFALL IHRE BEINE HINUNTER
ERST DIE EINE HAND VOR DANN DIE ANDERE
GEHT DAS ZU LANGE DANN TREFFEN DIE SCHLÄGE
  WILLKÜRLICH
EIN SCHLAG EIN SCHREI EINE ZAHL 30 ODER 40
  MANCHMAL 50
UND EIN LETZTER SCHLAG AUF DEN ARSCH AUF DEM
  WEG AUS DER TÜR
ER PACKT BRUDER AN DEN SCHULTERN UND RICHTET
  IHN AUF
SCHLÄGT UND ZÄHLT WEITER
ICH SENKE DEN BLICK BIS ICH DRAN BIN
MUTTER ZERSCHLÄGT TELLER IM GANG
ZUGLEICH ZEIGT AL JAZEERA

HYPERAKTIVE BULLDOZER UND ZORNIGE KÖRPERTEILE
GAZASTREIFEN IM SONNENSCHEIN
FLAGGEN IN BRAND
WENN DER ZIONIST UNSERE EXISTENZ NICHT
   ANERKENNT
WENN WIR ÜBERHAUPT EXISTIEREN
DA WIR SCHLUCHZEN DIE ANGST UND DEN SCHMERZ
DA WIR SCHNAPPEN NACH LUFT ODER SINN
IN DER SCHULE DÜRFEN WIR NICHT ARABISCH
   SPRECHEN
ZU HAUSE DÜRFEN WIR NICHT DÄNISCH SPRECHEN
EIN SCHLAG EIN SCHREI EINE ZAHL

VOR DER TÜR

ICH SASS IN DER GARDEROBE MIT EINEM ZIMTSTERN
   IN DER HAND
UND LERNTE IN ALLER STILLE DIE SCHUHE ZU
   BINDEN
ORANGEN MIT NELKEN UND ROTE BÄNDER
HINGEN VON DER DECKE WIE DURCHLÖCHERTE
   VOODOOPUPPEN
SO ERINNERE ICH MICH AN DEN KINDERGARTEN
DIE ANDEREN FREUTEN SICH SCHON AUF DEN
   WEIHNACHTSMANN
ABER ICH HATTE SO GROSSE ANGST VOR IHM
WIE VOR MEINEM VATER

DIE NIERE

WIR SPARTEN FÜR EINE NIERE FÜR EINEN ONKEL IN
  DUBAI
UND EINE HERZOPERATION FÜR GROSSVATER IM
  LIBANON
WIR SPARTEN FÜR DIE KRANKHEITEN DER ANDEREN
VERSTECKTEN GELD UNTERM TEPPICH
WIR WECHSELTEN IN DOLLAR UND FLEHTEN ZU ALLAH

PLASTIKBLUME

IN DER WOHNUNG DIE ICH ANGEZÜNDET HABE
ASSEN WIR IMMER VOM BODEN
VATER SCHLIEF AUF EINER MATRATZE IM
   WOHNZIMMER
DIE GESCHWISTER DIE BEREITS GEBOREN WAREN
WAREN VERTEILT AUF DIE WOHNUNG
EINER AM COMPUTER
EINER KROCH ÜBER DEN BODEN UND EINER WAR
   BEI MUTTER IN DER KÜCHE
WENN DU NICHT AUFHÖRST DEINE GESCHWISTER
   ZU STÖREN
ZÜNDE ICH DICH AN
SAGTE MUTTER UND HIELT VATERS FEUERZEUG HOCH
DOCH ALS SIE ES WEGLEGTE
KAM ICH IHR ZUVOR
ICH STECKTE DAS FEUERZEUG EIN TAT MEINE
   SCHULDIGEN SCHRITTE
ICH SETZTE MICH IN DIE ECKE ZWISCHEN
   HEIZKÖRPER UND SOFA
LIESS DIE FLAMMEN DEN PLASTIKSTIEL KÜSSEN
DORT SASS ICH BIS ICH DORT NICHT MEHR SITZEN
   KONNTE
ENTFERNTE MICH ETWAS UND BETRACHTETE DIE
   FLAMMEN

DANN DEN VATER
UND DACHTE ES WÄRE DAS BESTE IHN SCHLAFEN ZU LASSEN
DOCH DANN KAM MUTTER SCHREIEND HEREIN
UND VATER ERWACHTE LANG VOR DER ZEIT FÜRS GEBET
UND DIE FLAMME GRIFF ZU
UND VATER KROCH DIE TREPPEN RAUF IN DER UNTERHOSE
HAARIG WIE EIN GORILLA
WARNTE ER ALLE TAMILEN AUF UNSERER TREPPE
WIR LIEFEN IN DEN KELLER UND WARTETEN AUF DIE FEUERWEHR
DAS EINZIGE WAS WIR MITNAHMEN INS NEUE HAUS
WAR DER SCHWARZE FERNSEHER DEN HATTEN WIR NOCH EIN PAAR JAHRE
DER WAR HINTEN GESCHMOLZEN
UND DIE FRÜHESTEN KINDHEITSERINNERUNGEN WAREN VERBRANNT
ICH VERTEILTE REICHLICH ZEITUNGEN
BIS DER GROSSTEIL DES BODENS BEDECKT WAR
BETRACHTETE ALLE WORTE UND BILDER
BIS DAS ESSEN HEREINKAM
WENN VATER EIN WORT SAH WIE SEX ODER SCHWANZ
ODER DAS BILD EINER SKANDINAVIERIN IN ZU LEICHTER KLEIDUNG
DAS DIE UNGLÄUBIGEN AUFREIZEN SOLLTE
RISS ER DAS RAUS ODER DREHTE DIE ZEITUNG UM

ABER ZUM NEUJAHRSFEST ASSEN WIR VON EINEM
 TISCH
ES GAB KETCHUP UND COLA UND MESSER UND
 GABEL
ER GAB UNS EIN PAAR DRAUF WENN DIE STIMMUNG
 ZU GUT WURDE
DAVON ABGESEHEN ASSEN WIR SO ZIVILISIERT

DER ARABISCHE PRINZ

ES GIBT DIESE KLEINEN PRINZEN DIE ALLES DÜRFEN
PLÖTZLICH DÜRFEN SIE EINEN SCHEISS
UND DANN GIBT ES DRESCHE
WENN ICH FREIHABE VON DER SCHULE
ODER WENN MAN MICH HEIMSCHICKT
SCHLEICHT DIE SCHWARZE KATZE DES PFARRERS MIR
  NACH
ICH GEHE MIT DER SCHWEREN TASCHE ÜBER DER
  SCHULTER
UND WEISS WAS AUF MICH ZUKOMMT ZU HAUSE
ICH MAG NICHT DIE KATZE AUF DEN FERSEN HABEN
DREHE MICH UM
UND WAS WEISS SCHON DIE KATZE
ICH NEHME SIE AM SCHWANZ
WIRBLE SIE RUM UND INS GEBÜSCH
DER ARABISCHE PRINZ
NICHT NOTWENDIGERWEISE DER ERSTGEBORENE
ABER DANN DOCH DER ERSTE DER EINE DRAUFKRIEGT
  WENN VATER MAL FREIHAT

WORTE

IHR SEHT EINANDER AUF EINER FOTOGRAFIE
UND FLÜCHTET
ERST DER EINE DANN DER ANDERE
IN EIN LAND WO DIE LEUTE AUF DER STRASSE
   KNUTSCHEN
SO WERDEN WIR UNGLEICH GEBOREN IN EIN
   UNIVERSUM HINEIN
WANN WART IHR ZULETZT IN SICHERHEIT
DER KRIEG STECKT NOCH IMMER IN EUCH
EIN ZAHNLOSER JAPSE AUF NUMMER 8 SAGT KEIN
   WORT
ICH LASSE DIE DRECKSAU NICHT RAUS
DIE DRECKSAU WILL RAUS
DOCH DIE DRECKSAU WIRD ZÖGERN
DIE UMSTÄNDE ZIEHEN DIR EINS ÜBER
NICHT IMMER NUR REDEN IMMER NUR WÖRTER

PARABOL

WIR HATTEN KEINE DÄNISCHEN KANÄLE
WIR HATTEN AL JAZEERA
WIR HATTEN ALARABIYA
WIR HATTEN KEINE PLÄNE
DENN ALLAH HATTE PLÄNE FÜR UNS
VATER NAHM MICH MIT ZUR MOSCHEE IM HEILIGEN
  MONAT
JEDEN ABEND NACH DEM ESSEN UNSER BETEN
WIR BETETEN BIS WIR NICHT MEHR STEHEN
  KONNTEN
WIR BETETEN UND WIR BETETEN UND ICH BEKAM
  COLA UND EIN KITKAT
ER WAR EIN ANDERER IN DER MOSCHEE
GOTTERGEBEN UND GÜTIG
ICH SASS ZWISCHEN SEINEN BEINEN
LEHNTE MICH AN AN SEINEM OBERKÖRPER
ES WAR WÄHREND DER IMAM PREDIGTE
DASS ER MICH VIELLEICHT KÜSSTE
ALS WIR HEIMFUHREN FIEL ICH AUS DEM WAGEN
HATTE GEDACHT ER WILL HALTEN
UND ÖFFNETE DIE TÜR IN EIN WENDEMANÖVER
  HINEIN

RAMADAN

RAUBBART IN DER FRESSE IM RÜCKSPIEGEL EINES
   TEUREN WAGENS
BEVOR DU NOCH ANKAMST IM SANDHOLMLAGER
WAR DEINE MUTTER EIN FOTO AN DER WAND
UND EIN SARG VOLL SCHLACKEN UND FLUGASCHE
WIR HUNGERN UNS DURCH DURCH DEN MONAT
   UND KAUFEN EIN SCHAF IM BAZAR VEST
DU HAST EINKASSIERT WAS WIR AN GELD VON DEN
   TANTEN BEKAMEN
DU HAST GESAGT DAS IST NICHT ANSTÄNDIG
DASS KINDER SO VIEL GELD HABEN
ICH ABER BIN STOLZ AUF DICH
WIE DU DA STEHST UND HALAL GRILLST
NICHT NUR EIN FLÜCHTLING MIT VOLLBART UND
   JOGGINGKLUFT
JETZT LANDET EINE LIBELLE AUF DEINEM ARM

FERIENERINNERUNGEN I

MUTTER ERZÄHLTE VON GROSSVATERS SCHICKEM
   MERCEDES
DORT HINTERM SCHWARZEN GARAGENTOR
DASS MAN IHN NUR FUHR
ZU DEN FESTLICHEN ANLÄSSEN
UND ALS WIR ZU FLÜCHTEN HATTEN VOR DEN
   ISRAELIS
IMMER WENN ICH VORBEIGING AM GARAGENTOR
BLIEB ICH STEHEN UND GRIFF NACH DER SCHWEREN
   EISENKETTE
STELLTE MIR VOR WIE ER AUSSAH
ICH PLAGTE DEN GROSSVATER UND MEINE ONKEL
   DAMIT
IHN FAHREN ZU DÜRFEN
ERZÄHLTE ICH HÄTTE IN DÄNEMARK FAHREN
   GELERNT
AUF EINEM PARKPLATZ
MIT BETONBLÖCKEN AUF DER EINEN SEITE
UND BETONBLÖCKEN AUF DER ANDEREN
MEIN ONKEL NAHM MICH MIT AUF EINE AUSFAHRT
MIT SEINEM ALTEN MERCEDES
ER SAGTE ES SEI ZU GEFÄHRLICH
MICH FAHREN ZU LASSEN AUF DER STRASSE
DER VERKEHR HIER SEI ANDERS ALS IN DÄNEMARK

BÜRGERKIREG UND BENZINPREISE
MACHTEN DIE LEUTE VERRÜCKT SAGTE ER
BOG AB NACH LINKS IN EIN GROSSES
UND MENSCHENLEERES SCHOTTERAREAL
WIR TAUSCHTEN DEN PLATZ
ABER FAHR VORSICHTIG
VORSICHTIG SAGTE DER ONKEL
DEM EINES TAGES EINE NIERE FEHLTE IN DUBAI
ER NAHM EINE KIPPE IN DEN MUND
GIB MIR AUCH EINE ONKEL SAGTE ICH OHNE
   NACHZUDENKEN
RAUCHST DU FRAGTE ER UND NAHM NOCH EINE
DU BIST IMMER NOCH EIN KLEINER JUNGE
DAS HABE ICH AUCH IN DÄNEMARK GELERNT
   ONKEL
ER KÜSSTE MICH AUF DIE WANGE UND DIE SONNE
   KÜSSTE IHN
ICH FUHR IM KREIS RUM UND BLIES RAUCH AUS
EIN PAAR TAGE SPÄTER ALS DIE BOMBEN FIELEN
GING DAS GARAGENTOR ENDLICH AUF
DA BEMERKTE ICH KAUM DIE ISRAELISCHEN
   DROHNEN
MEIN KLEINER KÖRPER BEBTE VOR SPANNUNG
ALS DER ALTE MERCEDES
SO STAUBIG UND ROSTIG WIE DER MEINES ONKELS
HERAUSROLLTE ZU UNS

HOLZLATTEN

ER SAGTE NICHT HABIBI
ER SAGTE HÄNDE ODER FÜSSE
UND BRACH EINE LATTE AUS DEM BETTGESTELL
NUN FEHLTE EIN STREIFEN VON RECHTS NACH LINKS
DIE MATRATZE NACH UNTEN GEBEULT
DAS GESCHREI DER GESCHWISTER AUS DEM RAUM
  NEBENAN
ÜBERTÖNTE DAS MEINE
DIE TÜR ZUR KÜCHE WO MUTTER KOCHTE
GING ZU
WENN SIE SICH EINMISCHTE SAGTE ER
BESTIMMT DER MANN ODER DIE FRAU
ALS ER FERTIG WAR KONNTE ICH FAST NICHT GEHEN
ODER STEHEN AN DER WAND
DIE ARME GESTRECKT UND EIN FUSS IN DER HÖHE
  GERADE SO WIE ER DAS WOLLTE
ER RAUCHTE EINE ZIGARETTE UND SAMMELTE
  KRÄFTE
UND BEVOR MEIN BRUDER DRANKAM
ZOG ICH MIR DIE STRÜMPFE AUS
BAT IHN SIE ÜBER SEINE ZU ZIEHEN UND ZU SAGEN
  FÜSSE

MADSCHID SALSABIL

DIE MADSCHID SALSABIL SPRICHT DAS NACHTGEBET
  (QIYAM ALLAYL)
UM CA. 01:40 UHR
DU BEKOMMST SOHUUR (FRÜHSTÜCK)
DEN RAMADAN ÜBER FÜR 200 KRONEN
WIR ESSEN DAS FRÜHSTÜCK IM KULTURHAUS
TÜR AN TÜR ZUR MADSCHID SALSABIL
BITTE BEZAHLT FÜR SOHUUR
SO SCHNELL WIE ES GEHT
MÖGE ALLAH ES EUCH LOHNEN
AUFGRUND VON PLATZMANGEL QIYAM ALLAYL
NUR FÜR MÄNNER IN DIESER MADSCHID

VERSTECKEN SPIELEN

ICH KANN MICH NICHT ERINNERN WIE
WIE ICH AUFSTAND
WIE DER SCHLAF MIR VERGING UND MEIN KÖRPER
   ERWACHTE ZUM LEBEN
JEDE NACHT
JEDEN MORGEN
TOT
LEBENDIG
WER WECKTE MICH EIGENTLICH MUTTER ODER VATER
WAR ES ALLAHS VERANTWORTUNG WENN ICH NICHT
   AUFWACHEN WÜRDE
WIE PISSTE ICH WIE ASS ICH MEIN FRÜHSTÜCK
BERÜHRTE ICH DEN SOMMER
REICHTE ICH BIS DORT HIN
WAR ICH EIN KIND DAS SICH FÜRCHTEN MUSSTE
IN EINEM KLEINEN HAUS AUF DEM SPIELPLATZ
ALS DER DONNER VERSCHWAND TAUCHTE EIN NEGER
   AUF
DER MICH ZWANG SEINE ZEHEN ZU LECKEN
UND MICH DANN NOCH NACH HAUSE BEGLEITETE
UND IN MIR WAR DIE FURCHT VOR DEM HIMMEL SO
   GRAU SO LAUT
DIESES ECHO IM TREPPENHAUS DER TOD NOCH
   EINMAL

WOHIN WIR AUCH ZOGEN DAS ECHO KAM MIT
VATER FUHR UNS IMMER IM GROSSEN TAXI ZUR
   SCHULE
MANCHMAL GAB ER UNS AUCH EINEN KUSS AUF DIE
   WANGE
UND WIR KRIEGTEN JEDER ZWANZIG KRONEN
MEINE SCHWESTERN WURDEN ABGESETZT
MEIN BRUDER UND ICH BLIEBEN NOCH SITZEN
WIR KRIEGTEN GESAGT DASS WIR NICHTS
   ANSTELLEN SOLLEN
KEINE BESCHWERDEN GEGEN IHN WENN DER
   LEHRER ANRUFT
DIE LEEREN GÄNGE
DER TAUBE HAUSMEISTER
ERSTE PAUSE DA SPIELTEN WIR VERSTECKEN
DOCH IMMER WENN ICH SIE FAND
LIEFEN SIE ZU DEN BÄUMEN DIE FÜR MICH EIN WALD
   WAREN
DEN NÄCHSTEN DEN ICH FAND BAND ICH FEST AN
   EINEN BAUM
MIT DEM ROSA SPRINGSEIL DAS IM GEBÜSCH LAG
LIEF ZURÜCK IN DEN WALD DA FAND ICH NOCH
   EINEN
ALS ICH ZURÜCKKAM
WAR EIN LEHRER DA UND BEFREITE DEN JUNGEN
DER WEINTE SO LAUT
ALS HÄTTE ER ORDENTLICH DRESCHE VON SEINEM
   VATER BEKOMMEN

MAN SCHICKTE MICH HEIM AUF DEN WEG MIT DER
   PFARRERSKATZE
ASS MEIN PAUSENBROT AUF EINER BANK
WIE SCHON SO OFT

DIE MÜHLE

ZWEI JUNGS AUS DER NEUNTEN
ASSEN PILZE UND FACKELTEN DIE SCHULE AB
DESHALB HIELT MAN DIE STUNDEN JETZT
IN GRAUEN PAVILLONS AUF DEM SCHULHOF AB
DIE SOMMERFERIEN WAREN DIE SCHLIMMSTEN
  FERIEN
DOCH WIR FÜLLTEN DIE TASCHEN MIT KLEIDUNG
UND FLOGEN OHNE VATER IN EIN LAGER IM
  LIBANON
MIT STROMAUSFALL UND GIFTIGEN
  WASSERHÄHNEN
WIR WURDEN VORGESTELLT TANTEN UND ONKELN
SIE ÄHNELTEN DEN DÄNISCHEN TANTEN UND
  ONKELN
IN ZERLUMPTERER AUSGABE
MEIN JÜNGSTER BRUDER WURDE BESCHNITTEN IN
  DIESEM JAHR
ER WEINTE UND SCHRIE
DREI ONKEL FIXIERTEN IHN
ALS DER ARZT SEINE ARBEIT TAT
MIT EINEM SCHERENARTIGEN DING
UND DANN SCHLACHTETEN WIR EIN SCHAF HALAL
BLUT RANN ÜBER DIE STRASSE
UND ICH MUSSTE ZIEHEN AN DEM ENDLOSEN DARM

BEIM FREITAGSGEBET TRAF ICH DEN ARZT
DER WISSEN WOLLTE WIE ES DEM SCHWANZ MEINES
 BRUDERS GING
ALS BRUDER DEN ARZT SAH LIEF ER DAVON
UND PLÖTZLICH DIE ISRAELIS ÜBER UNS
WIR PACKTEN DIE TASCHEN BEIM FALLEN DER BOMBEN
GROSSVATER FUHR UNS NACH SYRIEN
SIEBEN PALÄSTINENSER IM ALTEN MERCEDES
UND DER SOUND VON FAIRUZ
KINDER SO ALT WIE ICH KAMEN ZUM WAGEN
SIE WOLLTEN TOILETTENPAPIER VERKAUFEN ALS WIR
 BEI ROT HIELTEN
LANGE FAHRT DURCH DIE NACHT AM ENDE EIN KUSS
UND GROSSVATER FUHR ZURÜCK AUF DEM WEG
DEN SIE SPÄTER ZERBOMBTEN
ICH HATTE MICH GEFREUT
AUF DIE RÜCKKEHR IN DIE PAVILLONS
DOCH ICH WAR RAUSGEFLOGEN
ICH MUSSTE RÜBER ZUR MÜHLE
ZU RAMI UND DAUD UND ZU ALI UND MOHAMMED
WIR STAHLEN PAUSENBROTE UND POKEMONKARTEN
SAHEN PORNOS IN DER PAUSE
UND WARFEN MIT STEINEN NACH HANDWERKERN

NACHTBUS

SO WENN DER VERKEHR IN BEWEGUNG IST
WIND IN EINEM BUS BEI ROT AM DICHTERPARK
EIN PAAR NEGER STEIGEN AUS AUF DEM SØREN
   FRICHS VEJ
ÜBER DER BRÜCKE – EIN ANDERES GHETTO
DIE VERGEWALTIGUNG DES GRÖNLÄNDERS WAR
   DORT IN DEM SCHUPPEN BEI FAKTA
DER EWIGE SCHREIER ZU FUSS UNTERWEGS VON
   AUFGANG ZU AUFGANG

PLATTFISCH

ICH DENKE ZURÜCK AN DIE ANGELAUSFLÜGE
DOCH WAS WOLLTEN WIR ANGELN
ICH TRAUTE MICH NIE EINE FRAGE ZU STELLEN
ODER BEIM EINKAUFEN DIE MEINUNG ZU SAGEN
   ZU KLEIDUNG UND SCHUHEN
TRAUTE MICH NICHT FERNZUSEHEN WENN DU
   SCHLIEFST
TRAUTE MICH NICHT DEINE HAND ZU NEHMEN
TRAUTE MICH NUR ZU NICKEN WENN DU SAGTEST
DEINE MUTTER DIE HURE
UND MUTTER IST GEFLOHEN UND STEHT AUF DER
   STRASSE UND FRIERT
WÄHREND WIR DEN FANG IM SCHNEIDERSITZ
   VERZEHREN
UND DU SAGST DU WÜNSCHTEST
WIR WÄREN NIEMALS GEBOREN

SALAM HABIBI

ICH SCHNITZTE AN EINEM HOLZSTOCK IN DER
   SCHULE
ALS EIN LEHRER MIR DAS TELEFON GAB
DAS MIT DEM SIE SONST MEINEN VATER ANRIEFEN
WAS HAB ICH JETZT SCHON WIEDER GEMACHT
   FRAGTE ICH
UND LEGTE DAS TELEFON ANS OHR
ABER DRAN WAR MUTTER
SIE SAGTE SIE WÄRE JETZT FORTGEGANGEN
DA FING ICH ZU HEULEN AN IM
   WERKSTATTVERSCHLAG
AM ABEND ZUVOR HATTE MAN UNS INS
   WOHNZIMMER GESCHICKT
DIE TÜR ZUM SCHLAFZIMMER WURDE
   VERSCHLOSSEN
GERÄUSCHE VON HINTER DER TÜR UND EIN BLICK
   DURCHS SCHLÜSSELLOCH
DIE MUTTER EIN KABEL UM DEN HALS
ICH RISS DIE TÜR AUF UND ER ZÜCKTE DEN GÜRTEL
ICH HATTE JA GESAGT GEKRIEGT IM ZIMMER ZU
   BLEIBEN

KURZ VOR LADENSCHLUSS

MAN SCHICKTE MICH ZU FAKTA UM OLIVENÖL
DER WEG FÜHRTE HIN UND ZURÜCK AN MUTTERS
   BLOCK VORBEI DAS GENOSS ICH
GELEGENTLICH GING ICH IN IHR TREPPENHAUS
FASSTE MUT VOR DEM BRIEFKASTEN
LIEF HOCH BIS ZUM DRITTEN STOCK UND ÖFFNETE
   DIE TÜR
MIT PALÄSTINASTICKER DRAN
KÜSSTE MUTTER UND RIEF DEN GESCHWISTERN WAS
   ZU
LIEF WIEDER RUNTER
RAUCHTE EINE ZIGARETTE
BLIEB STEHEN
REDETE MIT EINEM FREMDEN
DAS OLIVENÖL STAHL ICH UND KAUFTE MIR SÜSSES
   VON DEM GELD
AUF DEM HEIMWEG UMRUNDETE ICH DEN BETON
GING ZUM PARKPLATZ
DORT FEHLTEN DER HÄLFTE DER AUTOS DIE
   NUMMERNSCHILDER
WAS AN DIESEN SPAZIERGÄNGEN SCHÖN WAR
WIE EIN EXIL AUF DEM KLO
VERSCHWAND IM UNIVERSUM

ALS MIR DIE FLASCHE RUNTERFIEL UND
   ZERSPLITTERTE AUF DEM ASPHALT
UND DIE ANGST VOR VATER
DIE SCHEISS ANGST WAR EIN TOTEMPFAHL IN
   MEINEM ARSCH
ICH RAUCHTE NOCH EINE ZIGARETTE
GING HEIM UND SAGTE ES IHM WIE ES WAR
UND SCHON KRAMTE ER IN DER LADE NACH
   INSTRUMENTEN

DER FROMME

ER SPRICHT SEIN GEBET IN DER GRIMHØJ-MOSCHEE
UND FICKT EINE DÄNIN BEIM HAFEN
ER HAT MUTTERS MÖBEL GESTOHLEN
UND IHRE KLEIDER AUS DEM FENSTER GEWORFEN
ER SPRICHT EIN VERBOT AUS
JETZT SEHEN WIR UNS HEIMLICH BEIM PAUSENLÄUTEN

MORGENGEBET IM LIBANON

JEDEN MORGEN RUFT SHEIK ABDELRAHMAN ZUM
    GEBET
MINARETTE ERSTRAHLEN
UND DIE LEUTE ERWACHEN PFLICHTSCHULDIG
DURCH DIESEN MUSLIMISCHEN WECKER
WÄHREND DEN KLEINEN AUS DÄNEMARK
SEIN DURCHFALL WECKT
GEHT IN HÄUSERN DAS FLACKERNDE NEONLICHT
    AN
UND KRIEGERISCHE AL-QUAEDA-KATZEN
FAUCHEN DIE NACHTSCHWÄRZE FORT
GROSSMUTTER MACHT FRÜHSTÜCK
UND WIR WASCHEN UNS DAHEIM
ICH STAKSE MIT KNEIFARSCH UND STEIFBEINIG
HINTER GROSSVATERS BREITEM RÜCKEN
UND GRÜSSE ALLE AUF DEM WEG ZUR MOSCHEE
GROSSVATER LIEST IM KORAN
UND MIT FIEBERSCHWEISS AUF DER STIRN
SCHLEICHE ICH MICH IN DIE HINTERSTE REIHE
DER MANN MIT DEM BREITESTEN BART
BEGINNT DAS GEBET MIT ALLAHU AKBAR
SO SCHEISSE ICH MIR IN DIE HOSE IM NAMEN DES
    HERRN

12 JAHRE

WENN MEIN KLEINER BRUDER INS BETT GEPISST
 HATTE
WURDE ER MIT FAUSTSCHLÄGEN GEWECKT
EINES NACHTS STIESS ER MICH AN
BRUDER ICH HABE SCHON WIEDER GEPISST
UND SO WURDE SEINE SORGE ZU MEINER
ICH SCHLICH ZUR TOILETTE
HOLTE PAPIERTÜCHER
RIEB IHM DEN KÖRPER AB
DANN DEN WASSERDICHTEN MATRATZENBEZUG
DIE KLEIDUNG TAT ICH IN EINEN SCHWARZEN
 PLASTIKSACK
DEN PACKTE ICH UNTER DAS BETT
WIR TAUSCHTEN DIE DECKEN
AM NÄCHSTEN MORGEN TAT ICH DIE DECKE IN DEN
 SACK
SCHMISS IHN AUS DEM FENSTER DES ERSTEN STOCKS
ICH PUTZTE DIE ZÄHNE UND ASS MEIN ARABISCHES
 BROT
GAB DEN SACK MUTTER AUF DER 36
TROTZ DER DROHUNG DES VATERS MICH GRÜN UND
 BLAU ZU SCHLAGEN
WENN ICH JEMALS DORTHIN GEHEN SOLLTE
NACH DER SCHULE HOLTE ICH DEN SACK

DER NICHT LÄNGER NACH PISSE STANK
VATER WAR NOCH IN DER ARBEIT
ALSO RAUCHTE ICH EINE IM ZIMMER
UND STARRTE MIT ABSTAND DIE WAND AN

DER MANN DER TANTE

TODKRANK VON BEIRUT NACH BUDAPEST
ICH LEGTE DIR DIE ATEMMASKE AN UND KÜSSTE
   DEINE STIRN
ICH STAND AUF DER TREPPE
ALS BRUDER DEINEN TOTEN NAMEN RIEF
ICH RIEF WER IST DER TOTE
WER IST DER TOD
ICH STELLE MIR VOR
DU SITZT IMMER NOCH IM FLIEGER UND HUSTEST ANS
   FENSTER

MUTTER VON DREI FREMDEN GESCHWISTERN

ER MACHTE DIE TÜR ZUM WOHNZIMMER ZU
UND SPRACH MIT ARABISCHEN FRAUEN
FORDERTE SAGT MAL HALLO INS TELEFON
ICH WEIGERTE MICH
ER SAGTE ER RUFT GLEICH ZURÜCK
LEGTE AUF UND NAHM MICH INS ZIMMER MIT
EINES TAGES KAM EINE FRAU AUS SAUDI-ARABIEN
DIE WAR IN ORDNUNG
SIE MACHTE UNS FRÜHSTÜCK UND PUTZTE DIE
   ZIMMER
VISUM DREI MONATE
DOCH WEG WAR SIE SCHON NACH DEM ERSTEN
DA SCHLOSS SICH DIE TÜRE ZUM WOHNZIMMER
   WIEDER
PLÖTZLICH GING ES UMS ABHOLEN DER NEUEN FRAU
AUS TUNESIEN
IM MIETWAGEN FUHREN WIR NACH KASTRUP ZUM
   FLUGHAFEN
ER SAGTE WIR HÄTTEN SIE MUTTER ZU NENNEN
SIE HATTE GESCHENKE DABEI
ER ZEIGTE IHR DIE KÜCHE MIT GANZ GROSSER
   GESTE
DANN KAMEN DIE KINDER EINS NACH DEM
   ANDEREN

SO KLEINE GESCHÖPFE GESCHWISTER DIE ICH NICHT
   BERÜHREN DARF
SIE KANNTE DEN SCHNEE NICHT
SIE MACHTE UNS ESSEN
UND HING ÜBERM AUSGUSS NACH JEDER MAHLZEIT
KASKADEN VON KOTZE UND EIN FREMDER DIALEKT
SIE SAH FERN UND RAUCHTE LANGE LOOK
UND SPUCKTE AUF MEINE MUTTER IM FAKTA
EINES TAGS LAG SIE DA MIT SEINER INSULINSPRITZE
   IM HALS
ICH TRAT SIE UND WÄHLTE DIE NUMMER DES
   BESITZERS

FERIENERINNERUNGEN II

WIR FUHREN NACH BEIRUT AUF EINSAMEN
   BERGSTRASSEN
DAS EINZIGE WAS UNS AUF DER STRECKE
   ENTGEGENKAM
WAR EINE FRAU OBEN OHNE IM MATTSCHWARZEN
   CABRIOLET
DIE ANSCHEINEND DIE WÄRME GENOSS
UND GROSSVATER ALS SEIN BLICK SIE TRAF
WÄRE BEINAH INS SCHLEUDERN GERATEN
ER STOPPTE DEN WAGEN UND BETETE AM
   SEITENSTREIFEN
UM VERGEBUNG FÜR DAS WAS ER EBEN GESEHEN
   HATTE

ZWANGSVERWAHRT

ZULETZT WAREN WIR ZUSAMMEN DA STANDEN WIR
   STIRN AN DIE WAND
MIT TRÄNEN DIE WANGEN HINUNTER UND
   SCHMERZEN IM HALS
NEUE FRAU
NEUE KINDER
WIR ZOGEN ZU MUTTER IM BLOCK GEGENÜBER
ABER IHR KENNT DIE GESCHICHTE
AUFTRITT SACHBEARBEITER MIT EINEM STÜCK PAPIER
EIN PAAR BEAMTE MACHTEN BLOSS IHRE ARBEIT
MUTTER SAGT
NEHMT MIR NICHT MEINEN SOHN MORGEN FEIERN
   WIR OPFERFEST
ABER DIESES PAPIER DA
UND SO ZIEHE ICH DIE ABGENUTZTEN SCHUHE AN
UND KÜSSE DIE STIRN ZUM ABSCHIED
DEN SACHBEARBEITER TRETE ICH DIE TREPPE
   HINUNTER
KRIEGE HANDSCHELLEN DRAUF
DAS IST STRAFBAR RUFEN DIE BEAMTEN
DURCHEINANDER
UND ICH SAGE ICH BIN NOCH NICHT STRAFMÜNDIG
ICH TRETE AUCH SIE
UND SO GAB ES STATT LAMM UND KEBAB

MARTINSGANS ÄPFEL UND ZWETSCHGEN
AM TELEFON NENNT IHR MICH ABWECHSELND
   BRUDER UND DÄNE
WOLLT WISSEN WAS ICH IN EINEM HEIM MACHE
ABER KENNEN WIR UNS EIGENTLICH
EINT UNS WAS ANDERES ALS DIESER SCHMERZ
IHR WURDET GROSS UND SCHÖN
UND ICH WURDE ANSCHEINEND EIN DÄNE
ABER KENNEN WIR UNS EIGENTLICH
ES IST LANGE HER SEIT WIR AUS DEM LOCH
   RAUSKAMEN
UND DAS IST ES WOHL NICHT WAS UNS EINT

ANRUF AUS DEM MITTLEREN OSTEN

ICH WEISS NICHT WER SIE SIND
TANTEN UND ONKEL
FALLS WIR UNS JEMALS GESEHEN HABEN SOLLTEN
WAR ICH NOCH ZU KLEIN UM MICH DRAN ZU
   ERINNERN
NUN MELDET IHR EUCH VIA FERNGESPRÄCH
MIT KRIEG UND MIT SONNENSTAUB IN DEN STIMMEN
ES LÄUFT GUT IN DER SCHULE
EINER SOZIALPÄDAGOGISCHEN EINRICHTUNG

LIEBE

VATER BEKAM NOCH EIN KIND ALS ICH
   ZWANGSVERWAHRT WAR
ICH WEISS NICHT WIE ES HEISST
UND WEISS NICHT MEHR OB JUNGE OB MÄDCHEN
AM HEIMURLAUBSTAG GING ICH VATER BESUCHEN
DIE KINDER FREUTEN SICH UND WOLLTEN SPIELEN
   ALS ICH KAM
SEINE FRAU ABER SAGTE
DASS ICH IHRE KINDER NICHT ANFASSEN SOLLE
DAS ÄLTESTE KRABBELTE WEITER ZU MIR HIN
SIE SCHLUG IHM INS GESICHT MIT DER FLACHEN
   HAND
ER WEINTE UND SAGTE ABER ICH HAB DICH LIEB
   MUTTER
SIE SCHLUG NOCH MAL ZU UND SAGTE ABER ICH
   HAB DICH NICHT LIEB

UMZUG

HEIM NUMMER EINS WO ICH UNTERGEBRACHT WAR
WAR IN EINEM KAFF AUF DEM LAND IN DER NÄHE VON
 VEJLE
DORT WOHNTE DER NACHWUCHS VON SÄUFERN
DER NACHWUCHS VON JUNKIEMÜTTERN
SIE ERTRUGEN ES NOCH ZU GEBÄREN
DOCH ERTRUGEN NICHT DIE EXISTENZ
DIE AUS IHREM SCHOSS KAM
ICH PISSTE INS FEUER WENN SIE STOCKBROT
 MACHTEN
UND FUHR MIT DEM TRAKTOR ZUM LADEN
WENN DIE BETREUER NICHT FAHREN WOLLTEN
ICH VERBRIET MEIN GANZES TASCHENGELD FÜR
 KIPPEN
UND STAHL SÜSSES UND LIMO UND ALK
ICH SCHLUG MICH MIT ALLEN UND JEDEM
SIE KRIEGTEN GENUG VON MIR UND MACHTEN
 GEMEINSAME FRONT
MÄDCHEN UND JUNGEN
DOCH SIE KÖNNEN NUR SPUCKEN UND PRAHLEN
ICH DROHTE IHNEN MIT DEM BROTMESSER
HIELT ES AUCH DER BETREUERIN UNTER DIE NASE
ALS SIE MIR VERBOT ZWISCHEN DEN MAHLZEITEN ZU
 ESSEN

ICH BEKAM EIN STÜCK BROT
UND EINE KONTAKTPERSON DIE WIRKLICH NETT WAR
DIE GENEHMIGUNG VON DER GEMEINDE WAR NUR FÜR EINEN MONAT
EINMAL HIESS ES ICH SOLLTE AUF HEIMURLAUB
ICH PACKTE DIE TASCHE UND ZOG MIR MEINE BESTEN SACHEN AN
MEIN FREUND ZOG NACH TUNESIEN
ICH SOLLTE ZUM ABSCHIEDSFEST KOMMEN
ICH SCHLIEF AUF DER AUTOBAHN EIN
ALS ICH AUFWACHTE WAR ICH BEI SILKEBORG IM WALD
EINE PRIMITIVE HÜTTE UND EIN NEUES BETREUERTEAM
ICH SAH LÄCHERLICH AUS IN DEM ANZUG
ICH RAUCHTE
SIE ZEIGTEN MIR DIE HÜTTE
UND SAGTEN ICH KÖNNTE GANZ EINFACH EIN LOCH GRABEN
WENN ICH SCHEISSEN MÜSSTE
ICH SCHLUG DIE HÜTTE KURZ UND KLEIN MIT EINER BRATPFANNE
ERST DIE FENSTER
DANN DIE TOPFPFLANZEN TONZEUG UND TELLER UND GLÄSER
ICH TRAT TÜREN EIN UND WARF DAS REGAL UM
RISS DIE LADEN RAUS BRACH DIE SCHRANKTÜR AB

DIE BETREUER HIELT ICH AUF ABSTAND
MIT DEM KLAPPMESSER
BIS BEIDE HINAUSGINGEN TELEFONIEREN
ICH MERKTE DER MOTOR DES AUTOS WAR AN
ICH LIEF AUS DER HÜTTE
SPRANG HINEIN UND VERRIEGELTE DIE TÜREN
DIE KUPPLUNG KOMMEN ZU LASSEN WAR SCHWER
MIT DEN ZWEI BETREUERN VORM KÜHLER
ICH TAT DEN RÜCKWÄRTSGANG REIN
SIE VERSCHWANDEN
UND ICH GERADEWEGS RÜCKWÄRTS HINEIN IN EIN
   AUTO DAS ANKAM
MIT NOCH MEHR BETREUERN
SIE SCHLUGEN DIE SCHEIBE EIN DANN GABS EINE
   ABREIBUNG

SCHWEDISCHE WÄLDER

AUF DEM WEG ÜBER DEN ÖRESUND IM ROSTIGEN
   LAND ROVER
ZWEI BETREUER DIE ZU THUNFISCH TENDIERTEN
UND ZU BOEF STROGANOFF AUS DER DOSE
AN DER NORWEGISCHEN GRENZE SCHLUGEN WIR
   UNSERE ZELTE AUF
WIR SCHLIEFEN EIN PAAR STUNDEN
UND ERWACHTEN ZU STECHSCHRITT UND
   LEIBESERZIEHUNG
VERSUCH ZU FLÜCHTEN NACH VIER WOCHEN
   EINÖDE
ZERSTACH IN DER NACHT NOCH DIE REIFEN
GENUG VOM THUNFISCH DEN ZELTEN UND DER
   LEERE DES WALDES
ICH NEHME MIR REGENZEUG UND EINE TÜTE
   KAROTTEN
UND VERSCHWINDE
ES GIBT BÄREN IM WALD SCHREIEN SIE
UND RUFEN EINEN UNAUSSPRECHLICHEN NAMEN
BAUM UM BAUM UND DANN PLÖTZLICH EIN
   WOHNWAGEN
EIN ÄLTERES EHEPAAR WEISSBROT UND SAFT
NAHM MICH MIT BIS ZUR HAUPTSTRASSE
STUNDEN DANN MIT DEM DAUMEN DRAUSSEN

ICH KAUE AUF EINER KAROTTE BIS ZUM EINBRUCH DER NACHT
300 KILOMETER MIT EINEM NETTEN MANN MIT VOLVO
300 KRONEN UND MACHS GUT
ICH SCHLAFE BIS IN DEN MORGEN AUF DER BANK EINES SÄUFERS
13 JAHRE UND POLIZEILICH GESUCHT STEIGE ICH IN DEN ZUG NACH DÄNEMARK

FERIENERINNERUNGEN III

DAS FLÜCHTLINGSLAGER WAR VOLL MIT FAMILIEN
DIE ICH AUS DÄNEMARK KANNTE
DIE MEISTEN VOM GELLERUPPARK
ABER ES WAR AUCH EIN HAUFEN DARUNTER
AUS DEM GHETTO IN HELSINGØR WO MEIN COUSIN
   LEBTE
WIR KAUFTEN UNS FEUERWERKSKÖRPER
ICH ZÜNDETE EINEN AN DER NACH HEULER AUSSAH
UND WARF IHN IN DIESEN KIOSK
DA HATTEN WIR MIT INFLATION HUNDERT
   DÄNISCHE KRONEN GEWECHSELT
EIN PAPPKARTON MIT FLADENBOT FING FEUER
DER BESITZER LIEF UNS HINTERHER
ICH HASSE EUCH
DÄNISCHE HUNDE!
VERPISST EUCH NACH DÄNEMARK SCHRIE ER UND
   GING WIEDER
NACH DEM GEBET ZÜNDETEN WIR EINEN TOTEN
   BUSCH AN
ALS SICH DIE FLAMMEN INS GRAS FRASSEN
GINGEN WIR HEIM ZU DEN GROSSELTERN
UND TATEN ALS WÄRE NICHTS
DOCH EINE DER FRAUEN DES ONKELS HATTE UNS
   GESEHEN

UND GROSSVATER KAM MIT DEM STOCK
WIR WUSSTEN DER WAR ZUR ERZIEHUNG
YAHYA WARS SAGTE MALEK
MALEK WARS SAGTE YAHYA
ER TRAF MICH MIT DEM STOCK
UND SCHLUG MICH MIT DER HAND
SCHNELL GRIFF ICH SEIN SCHWACHES GELENK
ICH HATTE GENUG VON FREMDEN HÄNDEN IM
  GESICHT
DOCH DANN TRATEN MICH DIE ONKEL NIEDER

ABSCHLUSS

EINE ABSCHLUSSKLASSE MIETET EINEN PARTYRAUM
   IM GHETTO
BEI SOLCHEN ANLÄSSEN
SCHLEICHEN SICH DIE GHETTOKINDER EIN
WIR STEHLEN TASCHEN UND JACKEN
UND FEIERN AB WENN WIR DAMIT DURCHKOMMEN
WIR NEHMEN UNS OHNE ZU FRAGEN DEN ALK
EIN DICKLICHES MÄDCHEN SITZT IN DER ECKE
UND DA TUT SIE MIR LEID UND ICH FRAGE SIE
   WILLST DU TANZEN
SIE SAGT
NICHT MIT KANAKEN
ICH GEHE ZUR GARDEROBE UND KONTROLLIERE
   EINE JACKE
MEIN NEGERFREUND SAGT DIE KRIEGEN WIR SPÄTER
EINEN SHOT NACH DEM ANDEREN
RASCH BIN ICH BESOFFEN
ALS DAS FEST ABEBBT FOLGEN WIR IHR
UM SIE RUM SIND DREI JUNGS
DIE SETZEN SICH ZUR HALTESTELLE AN DER
   RINGSTRASSE
SIE STEHT AM BÜRGERSTEIG UND RAUCHT
IHRE TASCHE GESCHULTERT
ICH LAUFE HIN ZU IHR

ERWISCHE DIE TASCHE UND REISSE DARAN
DOCH SIE LÄSST NICHT LOS
BEGINNT ZU SCHREIEN
EINER DER JUNGS WILL DAZWISCHENGEHEN
ICH KRALLE MICH FEST IN DIE TASCHE MIT EINER HAND
UND GEBE IHM EINS AUF DEN KOPF MIT DER ANDEREN
GLEICH WEINT ER
UND SETZT SICH ZURÜCK ZU DEN ANDEREN
SCHAUT PASSIV ZU
PLÖTZLICH HÄLT VOR UNS DER BUS
DIE AUGEN DER FAHRGÄSTE JENSEITS DER SCHEIBE
DIE CHAOS VON HARMONIE TRENNT
SIE SCHAFFT EINE SITUATION EINE ROLLE FÜR JEDEN VON UNS
EIN OPFER
EIN TÄTER
UND VIEL ZU VIELE ZEUGEN
ICH SCHLAGE IHR FEST AUF DEN SCHÄDEL
SIE LÄSST WEITER NICHT LOS
EIN TRITT IN DEN MAGEN
EIN KNIE ZUM SCHÄDEL
SIE GEHT ZU BODEN
DER NEGER LÄNGST FORT
ICH SCHNAPPE DIE TASCHE UND LAUFE DAVON
RÄUME DIE WERTSACHEN AUS WIE EIN SCHEISS KANAKE

AM NÄCHSTEN TAG EIN STECKBRIEF IN
   JYLLANDS-POSTEN
MANN ZWISCHEN 20 UND 25 ARABISCHEN
   AUSSEHENS
GESUCHT NACH BRUTALEM RAUBÜBERFALL

MORGEN

EINE WOCHE WAR UM
DA TAUCHTEN DIE BETREUER AUS SCHWEDEN AUF
MIT SINNLOSIGKEIT IN DEN AUGENLIDERN
UND LÖCHERN IN DEN UNTERHOSEN
SO SCHLEIFTE MAN MICH EINE STEINTREPPE
   HINUNTER
ZURÜCK IN DEN LAND ROVER
ZUM GESCHREI VON GESCHWISTERN UND MUTTER

ERZIEHERISCHE DIKTATUR

ICH SCHLUG EINEN BETREUER ZUSAMMEN IN DER
   SONDERABTEILUNG
ER KIPPTE MIR SEINEN KAFFEE INS GESICHT
ER DRÜCKTE DEN ALARMKNOPF
UND BALD STRÖMTEN DIE BETREUER HEREIN
JETZT KOMMST DU IN DIE GESCHLOSSENE SAGTEN
   SIE
ISOLATIONSZELLE BIS ZUM EINTREFFEN DER
   BULLEN
MAN GEWÖHNT SICH ZU SCHLAFEN IN IHRER
   GEGENWART
DA WÄREN WIR DJURSLAND SAGTE EIN BEAMTER
EIN HOHER GRAUER ZAUN MIT EINER ART ROLLE
   OBENDRAUF
DICHTE DUNKELHEIT
KAMERAS AM TOR
DIE ERZIEHER KONFISZIERTEN MEINE SACHEN
ICH BEKAM SCHWARZE ANSTALTSKLUFT
DIE ERSTEN ZWEI WOCHEN ISOLIERT IN DER ZELLE
SIE NANNTEN DAS EINSCHLEUSUNG
ES GING DRUM MICH MAL ANZUSEHEN
ABER ICH SAH SIE NUR WENN SIE KAMEN MIT PILLEN
   UND ESSEN
ICH KAM RAUS IN DIE GEMEINSCHAFT

ICH KANNTE DIE MEISTEN
DREI GELLERUP-KANAKEN UND EIN KOPENHAGENER DÄNE
ICH PUTZTE DIE ABTEILUNG UND SIE HATTEN EIN AUGE AUF MICH
WENN ICH DURFTE DANN RAUCHTE ICH EINE
EINER DER ANDEREN SPIELTE SCHACH GEGEN EINEN BETREUER
ICH WARNTE IHN VOR EINEM SCHLECHTEN ZUG
DER BETREUER SAGTE ZELLE SOFORT
ICH SAGTE WARUM ER SAGTE DARUM
ICH HAB DEN SCHLÜSSEL ICH DISKUTIER NICHT MIT DIR
NOCH MAL ZWEI WOCHEN DAFÜR HIER SCHLECHTE STIMMUNG ZU MACHEN
SIE KAMEN WIEDER
VERSPRACHEN SICH WAS VON DER GEMEINSCHAFT
ICH ABER SAGTE MIR WÄRE ES RECHT HIER ALLEINE ZU SEIN
SIE ZWANGEN MICH RAUS
KLAR SIE WOLLTEN BESTIMMEN
DIE TAKTIK BENUTZTE ICH WIEDER
TELEFONVIERTELSTUNDE ZWEIMAL DIE WOCHE
NUR EINMAL DASS MUTTER VORBEIKAM
MIT ESSEN UND GESCHWISTERN DIE HEIM WOLLTEN
ICH WURDE VERLEGT VON DER NORD- IN DIE SÜDABTEILUNG
VON DEN NORMALEN KRIMINELLEN

ZU DEN UNNORMALEN KRIMINELLEN
WIEDER EINSCHLEUSUNG
WIEDER GEMEINSCHAFT
SCHICHTWECHSEL 14 BIS 15
ICH WICHSTE ZU DEN NACHRICHTEN
KONKURS IN GRIECHENLAND
WAHL ZUM FOLKETING
HELLE THORNING-SCHMIDT
NATASJA CRONE
DIENSTAG UND DONNERSTAG
PSYCHIATRISCHE KONTROLLE VON OBEN BIS
   UNTEN
UND DIE MÜNDER GEFÜLLT MIT PSYCHOPHARMAKA

DAS SIEBENTE HEIM

STAATENLOS UND RASTLOS BEI EINEM FREMDEN AUF DEM SOFA
MIT EINEM WEICHEN PAKET AUF DEM SCHOSS
UND VISIONEN DIE LEUTE AUF ABSTAND NICHT SEHEN
ES GAB NIEMALS ZUVOR FÜR DICH WEIHNACHTSGESCHENKE
EINES TAGES WIRST DU UNTERGEBRACHT
ERST AM EINEN ORT DANN AM ANDEREN
DU TANZT UM DEN WEIHNACHTSBAUM GANZ WIE EIN DÄNE
MAN BIETET DIR SCHWEINEFLEISCH AN
ABER DU BLEIBST NOCH SKEPTISCH
WEIHNACHTEN DRAUF KOMMT DIE STAATSANGEHÖRIGKEITSURKUNDE
UNTERSCHRIEBEN VON BIRTHE RØNN HORNBECH
WAS SOLLST DU JETZT NOCH MIT DEM BESCHNITTENEN SCHWANZ
UND DEM SCHWEINEVERBOT
DU WEISST ES NICHT
UND OBWOHL DU NOCH IMMER NICHT RICHTIG ZUR RUHE GEKOMMEN BIST
IST DIESES JAHR KEINE AUSNAHME

DIESES JAHR BESTEHT AUSSICHT AUF NOCH MEHR
  GESCHENKE
UND MEHR PÄDAGOGISCHE NÄHE
IN FORM VON MEHR MACHTANWENDUNGEN HIER
  IN DER STADT VON JOHANNES V. JENSEN
DIE KOMMUNE KRIEGT AUCH WAS FÜR IHR GELD
DU ISST BEREITS SPECK
UND GEHST NUR ZUR MOSCHEE
WENN DIE MUTTER DIR GELD GIBT DAFÜR
VATER WEINT
UND DER ONKEL RUFT NUR AN
WENN DU EINEN EINBRUCH MACHST MIT SEINEM
  SOHN
DIE COUSINS SIEHST DU BEIM PUSHER
ODER DURCH DEN ZAUN IN DJURSLAND
WO JEDER IN SEINER ABTEILUNG SITZT
UMGEBEN VON BETREUERN DIE EIGENTLICH
  TÜRSTEHER SIND

14 JAHRE

DER KLEINE BRUDER HAT EINEN PUSHER BEKLAUT
ER HAT SEINEN WAGEN GESTOHLEN
9000 KRONEN 200 GRAMM HASCH
AUF DER RINGSTRASSE HIELTEN DIE BULLEN IHN AN
SIE FANDEN DIE PLATTEN IN DER EINEN TASCHE
UND DAS GELD IN DER ANDEREN
UND WÄRE ES BESSER GELAUFEN
ICH HÄTTE IHN SICHER UM EIN PAAR TAUSEND
   GEBETEN
UND EIN PIECE
ICH HÄTTE DICH HEIMGESCHICKT WO AUCH IMMER
   DAS IST
UND DEN WAGEN ZUM SCHROTTPLATZ GEFAHREN

DER NEUE

DER ERZIEHER SAGT DASS EIN NEUER JUNGE KOMMT
ICH SAGE
DIE NEUEN SIND NICHTS WERT
WENN ER ÄRGER MACHT GIBT ES SCHLÄGE
ES WIRD MONTAG
DIE ERZIEHER DES ZENTRUMS HALTEN
   MORGENBESPRECHUNG
WIR KIFFEN UND HALTEN DIE AUGEN OFFEN
DANN KOMMT ER MIT EINEM ANDEREN ERZIEHER
UND BENJAMIN SAGT DAS IST AUCH SO EIN
   ABDUL-BABDUL WIE DU
DAS IST MEIN KLEINER BRUDER SAGE ICH
UND WEISS NICHT BIETE ICH IHM EINEN ZUG AN
ODER SCHMEISSE ICH DEN JOINT ZUM TEUFEL

TAGESZENTRUM

MEIN KLEINER BRUDER WAR IN DER AKUTEN
EINER ABTEILUNG VON VIELEN VON SOLHAVEN
VERSTREUT ÜBER FARSØ
ER KAM MICH AUCH MANCHMAL BESUCHEN IN
   MEINER ABTEILUNG
ODER MAN SAH SICH IM TAGESZENTRUM
SIE LIESSEN IHN FEUERHOLZ SPALTEN
UND IN KÄFIGEN STAPELN
WIE ES ALLE NEUEN EINE ZEITLANG MACHEN MUSSTEN
DAS WAR DAS SCHLIMMSTE GLEICH NACH DEM
   HOLZHÄCKSELN
BEI DEN VERWALTUNGSBEAMTEN IM GARTEN
ODER DEM SCHNEESCHAUFELN IN IHREN AUFFAHRTEN
SKLAVENARBEIT NANNTEN WIR ES
EINES MORGENS SASSEN WIR DA IN DEN WEISSEN
   PLASTIKSTÜHLEN
RAUCHTEN IN DER GROSSEN WERKSTATT EINE KIPPE
WIE WIR DAS EBEN SO MACHTEN AM MORGEN
MEIN BRUDER WAR SCHON AN DER ARBEIT BEIM
   SPALTEN
WECHSELTE ZWISCHEN MASCHINE UND AXT
JE NACH GRÖSSE DER STÜCKE
YASIN
KANAKE AUS KOPENHAGEN

HATTE EIN MOPED VOM VORSTEHER
MUSSTE NICHT
MIT DEM ANSTALTSBUS HIN UND HER
ER KAM DIESEN MORGEN ZUR ARBEIT STELLTE DAS
  MOPED AB
ER KAM ZU UNS ANDEREN RÜBER UND SCHNORRTE
  SICH EINE
WIE ER DAS MORGENS SO MACHT
ICH GAB IHM EINE UND ALS SIE DANN BRANNTE
BLIEB ER STEHEN VOR MIR
ICH HAB GEHÖRT DER NEUE IST DEIN KLEINER
  BRUDER
DENKST DU DAS HIER IST FAMILIENCAMPING
  GRINSTE ER
ICH TRAF MIT DER FAUST DANN GENAU SEINEN
  KIEFER
UND WARF MICH ZURÜCK IN DEN STUHL
ER FLENNTE
RIEF SCHEISS JÜTLÄNDER
UND UMKREISTE DEN STUHL
BLIEB HINTER MIR STEHEN UND WÜRGTE MICH
ICH STAND AUF
GEWANN GLEICHGEWICHT
UND KNALLTE SEIN VIERKANTGESICHT AN DIE
  WAND
IM AUGENBLICK DRAUF
KAM MEIN BRUDER MIT DEM HAMMER DAZU
UND SCHWANG IHN

YASIN LEGTE SICH HIN FLENNTE WEITER
SCHRIE HILFE
KENNETH KAM MIT DER URLAUBSVERTRETUNG
SIE SCHLEIFTEN MICH UND MEINEN BRUDER INS BÜRO
SIE HOLTEN ZWEI EIMER UND SAGTEN UNS SETZEN
SIE SCHRIEN UND STIESSEN UNS
UND SCHLUGEN UNSERE KÖPFE GEGEN DEN BODEN
UND RUNE DER LEITER DER WERKSTATT HALF IHNEN
BEI EINER SKITOUR IN NORWEGEN
HATTE ER AN DEN SKIERN EINES KOLLEGEN HERUMGEMACHT
DASS DER FIEL UND SICH DIE HÜFTE BRACH UND DEN JOB LOS WAR
EINMAL ASS ER ZU MITTAG 33 TARTELETTEN
ER NAHM MICH BEIM HALS UND SAGTE
SCHEISS KANAKENBRÜDER RABAUKEN ZUM TEUFEL

PISSPROBE

JEDEN FREITAG WENN ICH FERTIG BIN IM
   TAGESZENTRUM
MACHEN WIR SAUBER IN DEN ZIMMERN
DIE BETREUER MACHEN DIE RUNDE
UND KONTROLLIEREN WIE GRÜNDLICH WIR
   WAREN
WIR DUSCHEN DER REIHE NACH
UND DANN SETZEN WIR UNS IN DEN ANSTALTSBUS
DONNI DUSCHT AUCH
UND LEERT OHNE MURREN SEINEN
   MÜLLEIMER AUS
DER ERZIEHER KOMMT AN MIT DEN ADHS-PILLEN
ABDUL HAT MAN BEIM SCHNÜFFELN UND REDEN
   ERWISCHT
UND JETZT HAT ER DIE ABTEILUNG FÜR SICH
SIE SETZEN UNS AB AUF DEM BAHNHOF VON HOBRO
ICH RAUCHE NOCH EINE BEVOR ICH IN DEN ZUG
   STEIGE
ICH BIN EINEN TAG BEI MEINEM VATER UND EINEN
   TAG BEI MEINER MUTTER
UND EINE NACHT IN EINER WOHNUNG
MIT KÖRPERN DIE ÄLTER ALS MEINER SIND
ICH STEIGE AUS DEM ZUG UND RAUCHE NOCH EINE
BEVOR ICH MICH IN DEN BUS SETZE

HATTEST DU EIN SCHÖNES WOCHENEDE FRAGT
   MOGENS
UND LEGT DEN GANG EIN
JA SAGE ICH
WARUM FÄHRST DU LOS WAS IST MIT DEN ANDEREN
DIE HÄTTEN HIER SEIN SOLLEN VOR EINER STUNDE
ES WIRD SCHON GEFAHNDET
SOBALD WIR ZURÜCK SIND AUS UNSEREN
   ZERPFLÜCKTEN NESTERN
NEHMEN SIE PISSPROBEN
ICH SAGE SIE SOLLEN MIR NICHT AUF DEN SCHWANZ
   GLOTZEN
BLOSS WEIL ICH MUSLIM BIN
ICH SCHLIESSE DIE TÜR
UND LEERE DIE TÜTE MIT PISSE MEINES KLEINEN
   BRUDERS
IN DEN PLASTIKBECHER
UND GEBE IHN AB IM BÜRO

KONTAKTPERSON

WENN ICH NICHT IN DER WERKSTATT WAR
GING ICH IN EINE FÖRDEREINRICHTUNG
ZWEI SEITEN GRAMMATIK PRO TAG
UND DIE RESTLICHE ZEIT ALTE MATADOR-FOLGEN
SIE HATTEN ES AUFGEGEBEN MIR MATHEMATIK
 BEIZUBRINGEN
AN EINEM FREITAG BEKAM ICH EINEN AUFSATZ ALS
 HAUSAUFGABE
MONTAGMORGEN ÜBERFLOG DIE LEHRERIN DEN
 AUFSATZ
SIE SAGTE DAS HÄTTE ICH
AUS DEM INTERNET ABGESCHRIEBEN
ICH SCHRIEB IHR SOFORT EINEN NEUEN
AM LETZTEN SCHULTAG VOR WEIHNACHTEN
GAB SIE MIR STRUNGES GEDICHTE ZU LESEN
UND SAGTE ERZÄHL DAS NICHT WEITER
SIE HATTE EIN GEDICHT AUF DIE ERSTE SEITE
 GESCHRIEBEN
NACH DEN FERIEN SPRACH SIE VON LITERATUR UND
 VON PHILOSOPHIE
UND VON ANDEREN THEMEN
SIE SCHRIEB SELBST AN EINEM ROMAN
ICH LAS IHR MANUSKRIPT

SIE SCHENKTE MIR BÜCHER UND SCHICKTE MIR MAILS
LUD MICH ZU SICH NACH HAUSE EIN ZU IHREM MANN
   UND IHREM KIND
DURCH EIN TOR DURCH
IN EINE WOHNUNG
MIT BÜCHERN IN REGALEN UND TEUREN GITARREN
   AN DER WAND
ICH TRAT ZUR PRÜFUNG AN UND BEKAM GUTE NOTEN
NUN WAR DIE KOMMUNE GENEIGT
MICH NACH AARHUS ZURÜCKZIEHEN ZU LASSEN
SIE RIEF DEN SACHBEARBEITER AN
ICH BEKAM EINE WOHNUNG IN IHRER STADT
SIE WURDE MEINE KONTAKTPERSON
MEINE MUTTER UND MEINE GESCHWISTER
   BESUCHTEN MICH
MEIN KLEINER BRUDER SCHRIEB FÜR IMMER
   DÄNE AUF MEINE ZEITUNG
ES BEGANN MIT EINEM KUSS WIE DAS WOHL IMMER
   SO GEHT
DOCH DAS BUCH DAS WIR ZUSAMMEN SCHRIEBEN
WAR NICHT GEEIGNET ZUM VORTRAG
ZUERST WURDE SIE GEFEUERT DANN WURDE SIE
   GESCHIEDEN
UND AN EINEM FROSTKLAREN TAG ANFANG FEBRUAR
ZOG ICH NACH AARHUS ZURÜCK

KAFFEETRUPPE

IN SOLHAVEN IN JEDER ABTEILUNG
HÄNGT EINE NUMMER AM ANSCHLAGBRETT
VON DER DIE BETREUER GEBRAUCH MACHEN
   KÖNNEN
WENN SIE SELBST NICHT MEHR KLARKOMMEN
DANN KOMMT ASSISTENZ VON ANDEREN
   ABTEILUNGEN
BEKANNTE DES VORSTEHERS
UND ANDERE BAUERN TAUCHEN AUF
UND WENN ALLE GESCHLAGEN SIND UND AUF DEN
   ZIMMERN
DANN WIRD KAFFEE GETRUNKEN
ÜBER GEDULDIGEN
   GEWALTANWENDUNGSFORMULAREN

LEGALE NACHTARBEIT

ZURÜCK NACH AARHUS IN EIN UNÜBERBIETBARES
   DUNKEL
RAUCHIGE LEERE UND KURT VILE
EIN VETTER MIT VOLLBART
FUHR NACHTS PAKETE AUS
ZUFÄLLIG BÜCHER FÜR BUCHLÄDEN
WIR RAUCHTEN UND HÖRTEN ARABISCHE MUSIK
REDETEN ÜBER DAS LEBEN
ÜBER ARABISCHE MÄDCHEN
DIE NACHT WURDE TAG AUF DEM HINTERHOF EINES
   LADENS
DIE INTELLEKTUELLE ROUTE
VON DER JOURNALISTENSCHULE ZUM JURASTUDIUM
UND WEITER ZU VANGSGAARDS BUCHHANDEL
JEDE NACHT BEENDETEN WIR DIE TOUR BEI
   MCDONALD'S
ALS KIND WAR ES NICHT IMMER MÖGLICH
DER FAMILIENVERHÄLTNISSE WEGEN
ZUM OPFERFEST MIT DEN GESCHWISTERN DES VATERS
   ZU GRILLEN
UND MIT DEREN KINDERN
SO ASSEN WIR JEDES JAHR DORT
ALS WÄRE ES EIN FEINES RESTAURANT
VATER BESTELLTE BIS WIR ALLE SATT WAREN

DER VETTER BEDANKTE SICH FÜR DIE HILFE
UND SETZTE MICH AB AN DER STRASSE
MEIN LOHN WAREN DIE RETOURKARTONS DER
   NACHT
IN MANCHEN NÄCHTEN VIER ODER FÜNF
IN DIESER NACHT NUR EINER
ICH SCHNITT IHN AUF FRÜHMORGENS
UNBRAUCHBARE KRIMIS UND EIN KNAUSGÅRD

SKUNKTÜTE UND GHETTOBANK

ICH STAHL 50 GRAMM SKUNK
VON EINEM AMERIKANISCHEN AUSTAUSCHSTUDENTEN
ES ROCH STARK
ICH PACKTE DIE BÜNDEL IN EINE TÜTE
DIE STECKTE ICH IN EINE ZWEITE TÜTE
DIE STECKTE ICH IN EINE DRITTE TÜTE UND DIE IN
   DEN RUCKSACK
ICH ASS ZU ABEND BEI MUTTER
UND RAUCHTE EINE KIPPE IM WOHNZIMMER
SCHLIEF EIN AUF DEM SOFA
AM NÄCHSTEN MORGEN WAR DIE TÜTE
   VERSCHWUNDEN
SO EINFACH WAR DAS DIE TASCHE WAR LEER
NIEMAND IM GHETTO BEKAM KREDIT BEI DEN BANKEN
STATTDESSEN GAB ES EIN SYSTEM UM DAS MUTTER
   SICH KÜMMERTE
2-20 PERSONEN
ZAHLTEN VON 1000 BIS 10000 MONATLICH EIN
DIE IN NOT KAMEN KRIEGTEN ALS ERSTE WAS RAUS
UND IM FOLGENDEN MONAT DIE NÄCHSTEN
AUF DIESE ART KONNTEN WIR UNS DIE FAHRT IN DEN
   LIBANON LEISTEN
AUF DIESE ART KONNTEN WIR UNS ALLE DIE FAHRT IN
   DEN LIBANON LEISTEN

ALLE WOLLTEN DIE SOMMERKASSE
ICH GING IN MUTTERS ZIMMER
HOB DIE OBERSTE MATRATZE AN
EINE DURCHSICHTIGE TÜTE VOLLER GELDSCHEINE
ICH STECKTE SIE EIN IN DIE INNENTASCHE
GING HINAUS IN DAS TREPPENHAUS UND NAHM
   EINE KIPPE
RIEF SIE AN
UND FRAGTE SIE WAS SIE MIT DER TÜTE GEMACHT
   HÄTTE
ERST SAGTE SIE WELCHE TÜTE
DOCH DANN WIES ICH SIE AUF DIE KASSE HIN
UND MUTTER KAM HEIM
ICH BEKAM MEINE TÜTE UND SIE BEKAM IHRE

RACHE

MEIN KLEINER BRUDER FAND EINE ROTE
  DAMENTASCHE
14 LANGE IN EINEM ETUI UND DIE VISITENKARTE
  EINER NOBELHURE
ER GAB MIR DIE HÄLFTE
UND FUHR IN SEINE EINRICHTUNG ZURÜCK
ICH KAUFTE EIN AUTO UND GING AUF RAUBZUG MIT
  VUK
EINBRÜCHE
AUTOSCHEIBEN
UMKLEIDERÄUME
CHEESEBURGER BEI MCDONALD'S UND EIN LETZTES
  HAUS
EIN SCHLÜSSEL FÜR EINEN AUDI BEDEUTET EINEN
  TERMIN MIT DEM SCHROTTHÄNDLER
DIE BITTERKEIT DER EWIGKEIT VON DER HAND AN
  DEN HEHLER
DER TON DES HIMMELS ERHELLT VON SIRENEN
VUK STAHL MEIN PORTEMONNAIE UND WARF PILLEN
  WIE FRÜHER
BRACH EIN IN EIN GESCHÄFT
UND WACHTE IM KNAST WIEDER AUF
JUNKIE
JUNKIE

REIN UND RAUS BEI DER HINTERTÜR
ER BRACH AUS DEM KNAST AUS
ICH HING MIT EINEM RUM DEM ER GELD
   SCHULDETE
ALS DIE SMS KAM
VUK IST BEI DEN GELBEN WOHNBLÖCKEN
WIR SPRANGEN INS AUTO UND FUHREN ZUM
   HINTERSTEN BLOCK
ALS ER UNS ENTDECKT HATTE SAGTE ER
DA SEID IHR JA FREUNDE
ICH HAB EUCH SCHON ÜBERALL GESUCHT
ER SCHNORRTE EINE KIPPE
ABER ICH SCHLUG IHN AUF DEN MUND
UND STAMPFTE IHN NIEDER BIS INS GEBÜSCH
ALS ER DORT LAG NAHMEN WIR SEINE SACHEN
AM SELBEN TAG STELLTE ER SICH

HAFTBEFEHL

SO HAST DU MICH ZURÜCKGELASSEN
MIT EINEM JOINT IN MEINEM MUNDWINKEL
ABGEKAUTEN HASCHNÄGELN
SCHWARZER BILDSCHIRM UND SUPERRAUCHER
ICH WEISS NICHT WAS DA VOR SICH GEHT HINTER DEN
   BÄUMEN
OB DORT EIN ANDERER WIND WEHT
ABER ICH RUFE DICH AN AUS DER HAFT

FESTGENOMMEN

AN JENEM MORGEN ERWACHE ICH
VOM MISSKLANG DES NAMENS UND KLOPFEN AM
   FENSTER
ICH NEHME EIN MESSER AUS DER LADE
UND ZIEHE DIE GARDINEN AUF
ZWEI BEAMTE IN ZIVIL
ICH ERKENNE DEN EINEN VOM LETZTEN MAL ALS
   ICH MIT DEM AUTO GESTOPPT WURDE
ICH ZIEHE RASCH DIE GARDINEN WIEDER ZU
LEGE DAS MESSER ZURÜCK IN DIE LADE
SPÜLE EINEN KLUMPEN IM KLO RUNTER
VERSTECKE BARGELD IM KNAUSGÅRD
SCHIEBE DREI LAPTOPS UNTER DAS BETT
ICH ZIEHE HOSEN AN UND NEHME EINE ZIGARETTE
BEVOR ICH SIE REINLASSE
ICH WERDE DEN UMSTÄNDEN ENTSPRECHEND
   BESCHULDIGT
SIE DURCHSUCHEN DIE WOHNUNG
KONFISZIEREN DIE COMPUTER UND ZWEI
   WALKIE-TALKIES
EINEN SCHLÄGER UND EINEN KARTON VOLLER
   KRIMIS
ICH SAGE NEHMT RUHIG DEN KARTON ABER FINGER
   WEG VON MEINER SAMMLUNG

TOTSCHLÄGER

ONKEL FAND ETWAS IN DER JACKE DES COUSINS
ER SAGTE WAS IST DAS
COUSIN SAGTE DAS IST NUR EIN KLEINER STAB
DOCH MUTTER WOLLTE ES AUCH SEHEN
UND ALS ONKEL DEN STAB IN IHRE RICHTUNG
   SCHWANG
ENTALTETE ER SICH UND TRAF IHREN ARM

POLIZEIFAHNDUNG I

SIRENEN HEULEN UND ALLES IST BLAU
SO BLAU WIE DIE BLÄUE
PLAUSIBEL UND SIMPEL UND WIE SCHON GEHABT
MIT 120 KILOMETERN PRO STUNDE
MIT EINEM COUSIN AM STEUER
MIT SPÜRHUNDEN AUF DEN FERSEN
AUF EINEN NAGELTEPPICH ZU DESHALB RADWEG
DIE SELBSTVERSTÄNDLICHKEIT DES HIMMELS
KOMMT NIEMANDEM ZU HILFE
COUSIN BREMST HART AB
SO MACHT MAN DAS SAGT ER
WÄHREND BEAMTE DEN WAGEN UMSTELLEN
DIE TÜREN AUFREISSEN
HANDSCHELLEN KNÜPPELSCHLÄGE BLINDHEIT AUS
   DER SPRAYDOSE
DIESE VORMITTAGE IN DER ZELLE
MIT URIN AN DEN WÄNDEN UND PFEFFER IN DEN
   AUGEN
SIND WIE SCHLAF OHNE TRAUM
WIE EIN SPITZEL IN FREIWILLIGER ISOLATION

EINBRUCH

SO FAHREN WIR 300 KILOMETER
IN EINEM KURZGESCHLOSSENEN WAGEN OHNE
  BREMSE
HANDSCHUHE IN DER HOSENTASCHE SIND
  GERICHTSVERFAHREN IN DER ZUKUNFT
ICH HALTE WACHE AN DER STRASSE
WÄHREND ER EIN FENSTER IM HOF AUFBRICHT
ER KLETTERT HINEIN UND ÖFFNET DIE HAUSTÜR
ES DUFTET NOCH IMMER NACH DIR
ICH LASSE DIE JALOUSIEN HERUNTER
UND STELLE DEN IMAC HINAUS AUF DEN GANG
COUSIN TRÄGT IHN ZUM WAGEN
ER SAGT ZUM NACHBARN DASS EIN FREUND AUSZIEHT
DANN DEN FERNSEHER UND DEN LAUTSPRECHER
UND DEN PLATTENSPIELER UND DIE VERSTÄRKER
DEN LAPTOP DAS IPAD UND ZULETZT DIE GITARREN
DER REGEN PEITSCHT GEGEN DIE SCHEIBE
DER SCHEIBENWISCHER IST DEFEKT
ICH HABE KEINEN ÜBERBLICK ÜBER DIE STADT
WIR STEHLEN EIN SET NUMMERNSCHILDER JEDER
  TAUSCHT EINS AUS
FAHREN ZU SHELL UND TANKEN BENZIN
HUPEN ZWEI MAL UND TRETEN AUFS GAS BIS ZUM
  ANSCHLAG

BIEG DA LINKS AB UND ENTSPANN DICH
ABER COUSIN FÄHRT IMMER WIE EIN VERRÜCKTER
ALS HÄTTE ER EINEN FÜHRERSCHEIN
ALS WÄREN DIE DINGE NUR ZUM UMZUG IM WAGEN
NUN SITZEN WIR FEST IN DER BUSSCHLEUSE
WAS MACHST DU ZUM TEUFEL DU CLOWN SCHREIE
   ICH
STEIG AUS UND SCHIEB
ICH KLETTERE HINTER DAS STEUER UND LEGE DEN
   RÜCKWÄRTSGANG EIN
UND STEHE BEINAHE WAAGERECHT AUF DEM GAS
ALS DER WAGEN AUF DIE STRASSE SPRINGT

BEKENNTNISSE

ICH HABE DEINE FRAU GEVÖGELT
ICH HABE DEINE WOHNUNG AUSGERÄUMT
ICH HABE DEN FERNSEHER IN DIE BETTDECKE EURES
   SOHNES GEWICKELT
ICH HATTE KEIN ARGUMENT DAFÜR
WARUM MEIN COUSIN
DEN COMPUTER EURES SOHNES ZURÜCKSTELLEN
   SOLLTE
EIN LAPTOP IST EIN LAPTOP SAGTE ER
500 MEHR FÜR JEDEN VON UNS
DEINE GITARREN KOMMEN ZU HEHLER-HASSAN

VERSUCHTER RAUB

ER SCHINDET ZEIT
ER SAGT DA SIND ZU VIELE AUTOS
ICH SAGE ICH MUSS PISSEN
ICH VERSCHWINDE IM GRÜNSTREIFEN
ZUERST QUIETSCHEN REIFEN
DANN STEHEN BEAMTE UM MEINEN COUSIN RUM
ICH PACKE DEN SCHWANZ EIN UND BEGINNE ZU
   LAUFEN
VERSTECKE STRUMPFMASKE UND MESSER HINTER
   EINEM CONTAINER
LAUFE SCHÖN LANGSAM AUF DIE STRASSE RAUS
HINTER MIR EINE HUNDESTREIFE
ICH RENNE AUF DEN BÜRGERSTEIG
SIE WIEDER HINTER MIR
EIN BEAMTER FRAGT OB ICH WAS WEISS VON EINEM
   RAUBÜBERFALL
ICH SAGE NEIN ICH LAUFE NUR EINE RUNDE
SETZ DICH IN DEN WAGEN WIR HABEN EINEN
   ZEUGEN
WIR FAHREN IM KÄFIG ZURÜCK
SCHEISS HUNDE ICH HASSE SIE
ICH ZIEHE DAS GUMMIBAND VON DEN HAAREN
BEDECKE MEIN GESICHT
COUSIN SCHAUT MICH AN

EIN BEAMTER BENACHRICHTIGT GERADE SEINE ELTERN
DER ZEUGE SAGT DASS ICH ES NICHT BIN
SIE SETZEN MICH AB WO SIE MICH AUFGELESEN HABEN
ICH GEHE ZUM CONTAINER UND NEHME DIE
   BEWEISSTÜCKE MIT
ZUM PARKPLATZ
FAHRE WEG IN MUTTERS WAGEN
ICH HALTE BEI ROT ALS ONKEL ANRUFT
WENN MEIN SOHN IN DEN KNAST GEHT GEHST DU
   AUCH

DIE HAFT

ICH DURCHSUCHE DIE WOHNUNG NACH
   WERTSACHEN
SCHEISS GEWOHNHEIT
ICH WERDE ERWISCHT EINE WOCHE VOR DEN
   SOMMERFERIEN
UNTERGEBRACHT IM ERSTEN STOCK MIT AUSSICHT
   ÜBER DEN MØLLEPARK
ZELLE 21 WO AUCH DU
DICH DER WAND ANVERTRAUT HAST COUSIN
GRUSS AN LILJA EINGERITZT 2004

STEVNSFORT

AN JENEM SOMMERMORGEN ERWACHTE ICH
VOM GERÄUSCH EINES SCHLÜSSELS IN DER TÜR
EIN GEFÄNGNISBEAMTER TRAT EIN
SCHLUG GEGEN DEN SCHRANK
SCHRIE HOCH MIT DIR JUNGE
OBWOHL ICH GERADE DABEI WAR DIE HOSEN
   ANZUZIEHEN
ICH NAHM DIE ZAHNBÜRSTE UND DAS HANDTUCH
WURDE AUF DIE TOILETTE BEGLEITET
PISSTE UND PUTZTE DIE ZÄHNE
AUF DEM WEG IN DEN DUSCHRAUM
SAH ICH DEN NEGER AM REINIGUNGSWAGEN
UND VERSTAND NUN WARUM
ER NICHT ANS TELEFON GEGANGEN WAR
ALS WIR ZULETZT BEIDE AUF FREIEM FUSS WAREN
   BRACHEN WIR EIN IN EIN LAGER
DER ALARM WAR DEFEKT UND SO FUHREN WIR
   ZWEIMAL HIN
STELLTEN 20 KISTEN MIT FLACHBILDFERNSEHERN
IN EINEM KELLERRAUM AB IN DER NÄHE
WIR SAGTEN ER SOLLTE SICH MIT HEHLER-HASSAN
   TREFFEN
ICH DACHTE ER WÄRE VERSCHWUNDEN MIT DEM GELD
ABER COUSIN SAGTE ER SEI GAR NIE AUFGETAUCHT

ICH DUSCHTE SCHNELL UND ZOG MICH AN
JOGGINGHOSE NIKE-SCHUHE UND EINE
   GESTOHLENE PEAK-JACKE
ICH DRÜCKTE DEN KNOPF
UND WURDE ZURÜCK IN DIE ZELLE BEGLEITET
ZEHN MINUTEN DARAUF KAM EIN ANDERER
   GEFÄNGNISBEAMTER
DIE TREPPE HERUNTER
EINIGE TÜREN
EIN LANGER GANG BRACHTE UNS IN DAS GERICHT
MUTTER DIE UNTER DEN ZUSCHAUERN WEINTE
NACH DER ERSTVERNEHMUNG
KAM ICH IN U-HAFT VIER WOCHEN
ICH WURDE VERLEGT IN DIE
   SICHERHEITSABTEILUNG AUF SEELAND
ICH WARTETE IN EINER ZELLE
WÄHREND DIE POLIZEI MEINE WOHNUNG
   DURCHSUCHTE
EIN LETZTES MAL
ZWEI NETTE BEAMTE FUHREN MICH NACH SORØ
EINE ANDERE STREIFE ÜBERNAHM
AUCH HIER KEINE HANDSCHELLEN
LAS WEITER DOSTOJEWSKIS SCHULD UND SÜHNE
DAS HATTE MIR EIN BEAMTER VON MEINEM
   BÜCHERREGAL GEBRACHT
GEGEN ABEND ERREICHTEN WIR DEN ZAUN
DER HIMMEL WAR ROT
ES EMPFING MICH EIN ERZIEHER

MIT NORDSEELAND-DIALEKT
ICH ASS SCHWEINEBAUCH MIT PETERSILIENSAUCE
EIN MAROKKANISCHER BERBER AUS ZELLE 3
SASS WEGEN STRASSENRAUBS
ER GAB MIR EIN PAAR SHORTS UND EINEN KLUMPEN
   FÜR DIE NACHT
JEDEN TAG VON ACHT BIS DREI GING ICH ZUR SCHULE
ICH DURFTE SCHREIBEN UND BÜCHER LESEN
NACH DER SCHULE TRAINIERTE ICH ODER SPIELTE
   BACKGAMMON
ABENDS GAB ES EINEN FILM ZUR AUSWAHL
UND EINEN DEUTSCHEN PORNOSENDER
UM ZEHN UHR WURDEN DIE TÜREN DER ZELLEN
   VERRIEGELT
ES WAR DER BESTE ORT UM EINGESPERRT ZU SEIN

HAFTENTLASSEN

VIERTEL NACH ZWEI WERDE ICH GEWECKT
DER BETREUER HAT DEN TISCH GEDECKT UND
   KAFFEE GEMACHT
BEVOR ICH MICH DUSCHE UND ANZIEHE
SCHREIBE ICH HALTE DURCH AUF EIN STÜCK PAPIER
SCHIEBE DAS DURCH DEN SCHMALEN SPALT ZU
   ZELLE 3
SCHEISS AUF DIE ANDEREN
ICH FRÜHSTÜCKE MIT ZWEI BEAMTEN
MITTEN IN DER NACHT
RAUCHE EINE IM KÄFIG UND GEH AUF BEGLEITETEN
   AUSGANG
MAN LEGT MIR ZUR SICHERHEIT HANDSCHELLEN
   AN
ICH LÖSE EIN SUDOKU SO GUT ES GEHT
DUNKEL UND LICHT LÖSEN SICH AB HIER AUF
   FÜNEN
UNABHÄNGIG VON UMSTÄNDEN
WIR HALTEN AUF EINEM RASTPLATZ
POLIZEIBEZIRKE LÖSEN SICH AB
UNABHÄNGIG VOM DUNKEL ZUVOR
UND VOM LICHT JETZT
VERHÄLT ER SICH RUHIG WIRD GEFRAGT
UND DER NEUE BEAMTE

WIRFT DEN SICHERUNGSGURT ZURÜCK IN DEN
   KOFFERRAUM
ICH ATME ERLEICHTERT AUF
SIE FIXIEREN MICH NICHT
ALS DIE ALTEN BEAMTEN GEFAHREN SIND
HOLT ER DEN SICHERUNGSGURT WIEDER VOR
MAN WEISS NIE MIT TYPEN WIE DIR
SAGT ER UND SPANNT MICH FEST
IM WAGEN SAGT ER NOCH ANDERES DAMIT ER AUCH
   NETT IST
ICH ANTWORTE NICHT UND SCHLAFE EIN
UM HALB SIEBEN WACHE ICH AUS DER FIXIERUNG
   AUF
EINE HALBE KIPPE UNTER AUFSICHT
PISSE IN EINE TOILETTE DEREN SPÜLUNG NUR GEHT
WENN EIN BEAMTER EINEN KNOPF DRÜCKT
AUF DER ANDEREN SEITE DER TÜR
ICH ZIEHE DIE SCHUHE AUS VOR DER ZELLE
DIE TÜR WIRD ZUGEKNALLT DER SCHLÜSSEL
   UMGEDREHT
ICH VERLIERE DAS ZEITGEFÜHL
SCHLAFLOS IM GELBLICHEN SCHEIN
ICH DRÜCKE DIE KLINGEL
ABER DIE BULLEN REAGIEREN NIE
ICH PISSE IN DIE ECKE
BEREUE DEN GESTANK
GEGEN NACHMITTAG FÄHRT MAN MICH ZUM GERICHT

POLIZEIFAHNDUNG II

ICH KAUFE EIN MOTORRAD VON EINEM KANAKEN
   IM HINTERHOF
BEZAHLE SIEBEN TAUSENDER UND SCHULDE NOCH
   SIEBEN ZUM ERSTEN
IN DERSELBEN NACHT WIRD ES GESTOHLEN
SOLL SICH EIN DIEB ÜBER SO ETWAS ÄRGERN
ODER SICH FÜR DEN ANDEREN DIEB FREUEN
FÜNF TAGE BIS ZUM ERSTEN UND NICHT EINE
   DATTEL
ICH HATTE GEPLANT MIT DEM MOTORRAD GELD
   ZU VERDIENEN
HÄTTE EINEN COUSIN MITGENOMMEN AUF
   SCHNELL-REIN-UND-SCHNELL-RAUS-DINGER
ICH BORGE MIR EIN MOTORRAD VON DEM DEM ICH
   DAS GELD SCHULDE
GEHE BEI KÄLTE AUF DIEBESZUG ZUSAMMEN MIT
   NOCH EINEM ANDEREN SCHULDNER
WIR WECHSELN UNS AB MIT DEM FAHREN
DER HINTEN SITZT HÄLT AUSSCHAU NACH BULLEN
UND SCHNAPPT SICH DIE TASCHEN VON
   RADFAHRERN
DIE UNSEREN WEG KREUZEN
WIR GEHEN AUF MORGENBRUCH UND VERSTECKEN
   DIE BEUTE

IN EINEM KELLER
ES IST KINDERGARTENZEIT
ALSO NEHMEN WIR UNS ALLE KINDERGÄRTEN IM
   BEZIRK VOR
WÄHREND DIE KINDER ABGELIEFERT WERDEN WIRD
   DAS AUTO AUSGERÄUMT
WIR FAHREN ZUM KELLER MIT DEN TASCHEN
UND ENTSPANNEN UNS MIT EINEM JOINT
ICH RUFE HEHLER-HASSAN AN
DEN BESTEN VETTER VON ALLEN
WIR TREFFEN UNS AUF EINEM PARKPLATZ IN AARHUS
   WEST
PREISDISKUSSIONEN VERGEUDEN NUR ZEIT
ALSO FRAGE ICH NUR WAS ER ZAHLT
UND WERFE DAS ZEUG AUF DEN RÜCKSITZ
ABER WIE ER SELBST SAGT
WIR KÖNNEN JA IMMER MIT IHM RECHNEN
UND ER GEHT JA EIN RISIKO EIN
WIR OFFENBAR NICHT
WIR TEILEN DAS GELD UND FAHREN HINAUS IN DEN
   REGEN
KLEINES BRECHEISEN UNTER DEM SITZ
TASCHENLAMPE UND NOTHAMMER
DREI TAGE SPÄTER HABEN WIR UNSERE SCHULDEN
   BEZAHLT
ABER WIR WOLLEN AUCH GELD FÜR UNS SELBST
AM ABEND ENTDECKT UNS EIN EINSATZLEITER
MEIN KUMPEL SAGT

BLEIB JA NICHT STEHEN DU ICH BIN AUF
 BEWÄHRUNG
SIE SCHALTEN DAS BLAULICHT EIN
VERSUCHEN UNS NIEDERZUFAHREN
ICH GEBE GAS WECHSLE DEN GANG
RECHTS LINKS SCHÜTTLE SIE AB
ICH FAHRE VOR EIN AUTO DAS ABBREMST
WIR SIND FAST BEIM BLOCK
ABER DIE BULLEN SITZEN UNS WIEDER IM ARSCH
ICH FAHRE ÜBER EINE WIESE UND SIE FOLGEN
 UNS
EINE BÖSCHUNG HINUNTER
DAS MOTORRAD RUTSCHT AB
ICH STEHE AUF UND RENNE OHNE MICH
 UMZUSEHEN
AN FAKTA VORBEI
WO MEIN JÜNGSTER BRUDER STEHT MIT EIN PAAR
 FREUNDEN
IN EIN TREPPENHAUS REIN UND RAUS AUS DEM
 ANDEREN
BEI NUMMER 30 REIN KLOPFE BEI EINEM FREUND
SEINE MUTTER MACHT AUF
ICH SCHNAUFE WIE EIN TIER ICH BIN VOLLER
 SCHLAMM
MEIN KUMPEL VERHAFTET
DIE MASCHINE BESCHLAGNAHMT
JETZT SCHULDE ICH SCHON WIEDER SIEBEN
MEINE MUTTER BEZAHLT

VON IHRER SOZIALHILFE
UND DEN FÜNFZIG KRONEN DIE STUNDE
IN DEN RESTAURANTS DER TUNESIER

KLOPF KLOPF

EIN MUSLIM VOM GELLERUPPARK
FINDET UNSEREN TREPPENAUFGANG
LIEST AN DEN BRIEFKÄSTEN
UND KLOPFT AN DIE TÜR MIT DEN MEISTEN
   MÄDCHENNAMEN
TAXIERT DIE NACHKOMMENSCHAFT
WILL MEINE KLEINE SCHWESTER ZUR HAUSFRAU
EIN PARADIES FÜR SIE SCHAFFEN IN EINEM
   ANDEREN BETONBLOCK
MIT ALLAHS FÜHRUNG UND 20 JAHREN
   ALTERSUNTERSCHIED
DER ERSTE MANN SEIN IN DER ERSTEN NACHT
FICKEN MIT SEINEM BART UND ALLAH DANKEN FÜR
   ALLES
NOCH EIN MUSLIM VOM GELLERUPPARK
FINDET UNSEREN TREPPENAUFGANG
TAXIERT DIE NACHKOMMENSCHAFT
WILL MEINE GROSSE SCHWESTER ZUR HAUSFRAU
SIE SOLL ESSEN KOCHEN UND GEHORCHEN
10 BANDITEN GEBÄREN UM SIE ZU VERSTOSSEN
WENN SIE UNGLÄUBIGE WERDEN

ALLAH IST UNWISSENHEIT

KELLERMOSCHEE UNTER DEM BETONBLOCK
PERSERTEPPICHE VON WAND ZU WAND
EIN LANGBÄRTIGER NARR PREDIGT VON EINER
   MILCHKISTE HERUNTER
EIN PILGER BRACHTE
ARSENVERUNREINIGTES ZAMZAM-WASSER NACH
   HAUSE IN COLAFLASCHEN
VERTEILT ES AN SEINE VERWANDTEN
DIE GANZE FAMILIE SOLL KOSTEN
VON DEM BRUNNEN DEN ERZENGEL GABRIEL
   HERVORZAUBERTE
ALS IBRAHIM UND ISMAEL IN DER WÜSTE DÜRSTETEN
IN DER SCHULE WAR ICH VOM CHRISTLICHEN
   RELIGIONSUNTERRICHT BEFREIT
DIE ELTERN FÜRCHTEN
INDOKTRINIERUNG VON ANDERER SEITE
UND WEIHNACHTSLIEDER IN DER KIRCHE
WIR ASSEN IN ALLAHS NAMEN UND STETS MIT DER
   RECHTEN HAND
ABER WANN BETETE ICH ZULETZT FÜNF MAL AM TAG
JETZT SIND NUR BULLENSCHWEINE IN DEN
   MINARETTEN

OPFERFEST

ER TRAF SICH MIT ZWEI KANAKEN IM SCHATTEN
  EINES BLOCKS
EINBRUCH AM MORGEN UND RESTE VON
  PLUNDERGEBÄCK
KAUFTE TASCHEN FÜR 500 UND VERKAUFTE SIE
  FÜR 7000
GESCHENKE ZUM OPFERFEST UND GLÜCKLICHE
  SCHWESTERN
VERGEBUNG DER SÜNDEN IN EINER GEMIETETEN
  TURNHALLE
VERSAMMLUNGSGEBET UND VERWÜNSCHUNG DER
  UNGLÄUBIGEN
NIE SCHWEINEFLEISCH
IMMER FREITAGSGEBET
UND DAS PARADIES UNTER DEM FAULIGEN FUSS DER
  MUTTER
EXOTISCHES ESSEN IN VERFALLENEM RAHMEN
COUSINS COUSINEN
HEILIGE WORTE UND HEHLERWARE
EIN ANALPHABET HAT NICHTS ALS SEINE
  SPRICHWORTE
UND DAS DOGMA SEINES DUMMEN STAMMES
DER PUSHER GEHT RUM EINE TASCHE VOLL RISKEN
HASCH ZWISCHEN DEN ZÄHNEN

ICH VERLASSE DIE GEGEND
MIT APATHIE IM MAGEN
EINE QUALMENDE ZIGARETTE
EIN JUNKIE IM BUS
ADHS-KINDER AUF DEM SPIELPLATZ
MAN JUBELT WENN DIE USA EIN STURM STRAFT
DIE STRASSE IST EINE UNNATÜRLICHE LINIE
ISS AUF SAGT EINE MUTTER
DER LETZTE BISSEN BRINGT DAS GLÜCK

FREUNDSCHAFTSGEDICHT

DEIN BRUDER HAT EINE TÄTOWIERUNG IM GESICHT
EINER MUSS ES JA MACHEN SAGST DU
UND GEHST DEN GERADEN WEG ZUM KLUBHAUS
EIN BEKANNTER UND ICH LEGEN ZUSAMMEN
ICH KAUFE EIN PAAR FEUERWERKSKÖRPER
FAHRE IN DIE STADT UND GEHE ZUM GEFÄNGNIS
WO DEIN BRUDER SITZT
SEIT ER AM FLUGHAFEN ERWISCHT WURDE
DU PFEIFST ZWEI MAL UND ER ZIEHT SICH AN DEN
   STÄBEN HOCH
SO WIE ER ES TAT
ALS WIR IHM DORT FRÖHLICHE WEIHNACHTEN
   ZURIEFEN
DU ZÜNDEST EINE RAKETE AN UND RUFST GUTES
   NEUES JAHR BRUDER

EIN RADIUS VON 100 METERN

NEULICH SCHLUG VATER MEINE SCHWESTERN AUF
   OFFENER STRASSE ZUSAMMEN
ER WAR ZURÜCKGEZOGEN INS ALTE GHETTO
ICH FUHR ZU IHM IN MEINEM UNANGEMELDETEN
   AUTO
KLOPFTE AN SEINE TÜR
ICH KONNTE DIE KINDER HÖREN ABER NIEMAND
   ÖFFNETE
ICH GING ZU SEINER ANDEREN TÜR
ER IST MUSLIMISCH VERHEIRATET LEBT ABER
   GETRENNT FÜR DIE KOMMUNE
DAMIT SEINE FRAU FÜR DAS SOZIALAMT
   ALLEINERZIEHENDE MUTTER IST
ICH GING ZU MEINEM ONKEL IN DEN BLOCK
   GEGENÜBER
ABER DORT WAR ER NICHT
ICH LIESS ES SEIN ZU MEINER TANTE ZU GEHEN
ER REDETE NICHT MIT IHR
WEGEN IHRES MANNES
DER RAUCHTE JOINTS
UND HATTE MAL ALK IM GEFRIERSCHRANK
DAS RESULTAT WAR EINE SACHE MIT MESSERN VOR
   DEN 00ERN
ICH GING ZU MEINER ANDEREN TANTE

DIE EINEN BLOCK WEITER WOHNTE
GING HINAUF ZU MEINEM GROSSVATER
ER WOHNTE IM BLOCK RICHTUNG STRASSE
SEINE FRAU SASS STÄNDIG AUF DEM BALKON
ÜBERWACHTE DAS KOMMEN UND GEHEN BEI DEN
  BUSSEN
ES WAR UNMÖGLICH DORT MIT DEM BUS
  ANZUKOMMEN
OHNE DASS SIE WUSSTE DASS MAN DA WAR
ES WAR DIE ENDSTATION
ES WAR SIE DIE DIE TÜR ÖFFNETE
ERST ALS ICH ÄLTER WURDE
FAND ICH HERAUS
DASS SIE NICHT MEINE RICHTIGE GROSSMUTTER
  WAR
ABER ICH NANNTE SIE WEITERHIN GROSSMUTTER
AUS RESPEKT
IHR ARSCH WAR GROSS UND SOLIDE
UND DER REST IHRES KÖRPERS BEWEGTE SICH
  DANACH
SIE WAR UNGEFÄHR EINEN HALBEN METER GROSS
MAN WAR IMMER NASS IM GANZEN GESICHT
NACH IHREN WANGENKÜSSEN
ABER SIE KOCHTE FÜR GROSSVATER
ERINNERTE IHN AN GEBETSZEIT UND
  SÜSSSTOFFTABLETTEN
ER WAR ANALPHABET
SIE WAREN IMMER AM FERNSEHEN

SCHALTETEN ZWISCHEN AL JAZEERA UND ARABISCHEN
  KOMÖDIEN HIN UND HER
HIELTEN DIE OHREN STEIF
ER WAR ZUCKERKRANK
DAS WAREN SIE ALLE
VATER WURDE ES ALS LETZTER
VATER SASS AUF DEM SOFA NEBEN GROSSVATER
IN JOGGINGHOSEN UND EINER DRECKIGEN JACKE
MIT DIESEM BART DEN ER SICH WEIGERTE ZU
  SCHNEIDEN
DER AUS SEINEM GESICHT HERAUSWUCHS
UND INZWISCHEN MEHR GRAU WAR ALS SCHWARZ
FRÜHER HATTE ER GUT AUSGESEHEN
GLATTRASIERT
ODER EINE KLOBRILLE UM DEN MUND
HEMD UND JEANS UND WACHS IN DEN HAAREN
EINMAL SAH ICH SEINEN SCHWANZ
DIE KLOTÜRE WAR ANGELEHNT
ER PISSTE INS WASCHBECKEN
ICH KÜSSTE GROSSVATER
ALLE FRAGEN NACH SEINER GESUNDHEIT ALSO
  FRAGTE ICH DANACH
SAGTE ZU VATER
GEH IN DIE KÜCHE
ZUERST BLIEB ER SITZEN
STARRTE IN DIE LUFT
STAND DANN AUF UND TAT WAS ICH IHM GESAGT
  HATTE

MUTTER SAGT SEINE FRAU HAT IHN UM DEN
  VERSTAND GEBRACHT
MIT DIESEM MAGHREB-RAUCH DEN SIE ZU HAUSE
  VERBREITET
ER BOT MIR EINE KIPPE AN DIE ICH ANNAHM
ALS WÄREN WIR FREUNDE
ALS ICH ZU HAUSE WOHNTE SCHLUG ER MICH
DAS ERSTE MAL ALS ER MICH BEIM RAUCHEN
  ERWISCHTE
ETWAS SPÄTER BEKAM ICH EINE KLEINPACKUNG
  PRINCE UND EIN FEUERZEUG
AB UND ZU
UND WIR REDETEN NICHT MEHR DAVON
ICH SAGTE RÜHR EINMAL NOCH MEINE
  GESCHWISTER AN
UND DEIN AUTO BRENNT
ICH KÖNNTE IHN FERTIGMACHEN WENN ICH DAS
  WOLLTE
EIN PAAR SCHLÄGE AUF DEN KOPF BIS ER AM BODEN
  LÄGE
IHM DRAUFTRETEN WIEDER UND WIEDER
IHN TOTTRETEN
ER WAR WEHRLOS GEGEN DEN
DEN ER IN DIE WELT GESETZT HATTE
ICH KANN TUN WAS ICH WILL
ABER ER TAT MIR VON VORNHEREIN LEID
ER WAR SCHON JÄMMERLICH GENUG WIE ER DASASS
ICH MUSSTE IHN NICHT

IN EINEM NOCH SCHLECHTEREN ZUSTAND SEHEN
ER WEINTE
SAGTE DASS ER EIN GUTER VATER GEWESEN WÄRE
DASS ER DAS BESTE FÜR UNS GEWOLLT HÄTTE
DASS WIR ES IHM NICHT LEICHT GEMACHT HÄTTEN
AM WENIGSTEN MUTTER
ICH SAGTE
DASS ER SEINEN NEUEN KINDERN DAS GLEICHE ANTUT
DASS ER AUFHÖREN SOLL
ICH HATTE PAPIERE DABEI
MEINE GESCHWISTER BRAUCHTEN NEUE PÄSSE
ABER ER WOLLTE NICHT UNTERSCHREIBEN
SAGTE ICH UNTERSCHREIBE AN DEM TAG AN DEM IHR
　MICH RESPEKTIERT
AN DEM TAG AN DEM IHR NICHT MEHR MIT FALSCHEN
　ANKLAGEN KOMMT
ICH BIN EUER VATER!
ER DRÜCKTE DIE ZIGARETTE AUS UND GING INS
　WOHNZIMMER
KÜSSTE GROSSVATERS HAND WÄHREND ER WEINTE
ER SAGTE DASS ER NICHT HIER SEIN WILL SOLANGE
　ICH DA BIN
GROSSVATER SCHRIE ETWAS IN MEINE RICHTUNG
VATER ZOG SCHUHE AN
ICH AUCH
ER SAGTE ICH SOLL IHN IN RUHE LASSEN
ERST GING ER ZU EINER DER TÜREN
ABER DANN GING ER ZU SEINEM NEUEN AUTO

LEDERBEZÜGE
DAS WAR DAS EINZIGE WAS ER HATTE
ICH SAGTE DASS ICH GEHE
SOBALD ER UNTERSCHRIEBEN HAT
GROSSMUTTER BEOBACHTETE UNS VOM BALKON
 AUS
JETZT WURDE ER WÜTEND UND SCHRIE UND
 PACKTE MICH AN MEINER KLEIDUNG
ICH ENTFERNTE SEINE HÄNDE
TRAT GEGEN SEINEN WAGEN UND SETZTE MICH IN
 MEINEN EIGENEN

AN DIE PSYCHOPATHEN

PSYCHIATERIN IM HOCHSICHERHEITSTRAKT
SIE PROBIERTE PILLEN AN ROMAL AUS
AFGHANE TALIBAN
24 IN WIRKLICHKEIT 17 LAUT
   AUFENTHALTSGENEHMIGUNG
ER TRUG BART
ALS ER 12 WAR LAUT AUFENTHALTSGENEHMIGUNG
WIR SIND JA EIN HAARIGES KALIFAT
WIR SIND FLÜCHTLINGE OHNE ALTER
DESHALB GIBT ES ARABERFRAUEN IN DER 7.
DIE HABEN TITTEN SO GROSS
DASS AUCH KEIN KOPFTUCH MEHR HILFT
ES GEHT UM ALTER UND INZUCHT
COUSIN + COUSINE = GROSSVATER UND GROSSMUTTER
   VÄTERLICHERSEITS
COUSIN + COUSINE = TANTE UND MANN DER TANTE
   MÜTTERLICHERSEITS
COUSIN + COUSINE = TANTE UND MANN DER TANTE
   VÄTERLICHERSEITS
TANTE + MANN DER TANTE VÄTERLICHERSEITS =
   0 KINDER
COUSIN + COUSINE = ONKEL UND FRAU DES ONKELS
ONKEL + FRAU DES ONKELS = BEHINDERTE KINDER
ROMAL

ISOLATION
JETZT IST ER DER PERFEKTE TERRORIST
DÄNEMARK TOTAL KAPUTT
INSHA'ALLAH MÖGEN ALLE UNGLÄUBIGEN IN DIE
   HÖLLE KOMMEN
ICH WENN ICH HEIMKOMME
IN MEIN AFGHANISTAN MEIN HEIMATLAND
MEIN ISLAM UND MEIN OPIUM
ER MUSSTE ZURÜCK ZUM BERG UND ZUM SOFA
ER WAR SCHON VORHER WEG
IM SPIEL WAR ER WEG
EIN BÖSER GEIST FAND DEN WEG ZU SEINEM
   ARSCHLOCH
ER KAM IN DEM SOFA ZUR WELT
ER ENDETE DORT ALS VERGEWALTIGER
ER ENDETE DORT ALS VERGEWALTIGTER
ES ENDETE MIT EINER VERGEWALTIGUNG IN DEM
   SOFA BEIM BERG
SEIT ER 15 WAR LAUT AUFENTHALTSGENEHMIGUNG
TRUG ER GENUG BART FÜR EINEN GANZEN
   PROPHETEN
ABER WACHSEN LIESS ER IHN ERST IN DER ISOLATION
ER KONNTE VIER VERSE AUS DEM KORAN AUSWENDIG
VIELLEICHT WUCHS DAS IN DER ISOLATION
DAS GÄRTE VIELLEICHT IN DER EINSAMKEIT
MIT DEM SCHWANZ MIT DEM ER NICHT AN SICH
   HALTEN KONNTE
WARUM SOLLTE ER MIT IHM AUCH AN SICH HALTEN

ALS ER 16 WAR LAUT AUFENTHALTSGENEHMIGUNG
GAB ES MÄDCHEN IM WALD UND VIELLEICHT AUCH
   EINEN KLEINEN HÜGEL
ER STÖHNTE AUF PASCHTU
UND FICKTE DIE MÄDCHEN ZU HÄMORRHOIDEN
DIE STIMME DIE AUS MEINEM MUND KOMMT IST
   NICHT MEINE
SIE GEHÖRT NICHT ZUM KÖRPER
WOHER KOMMT SIE
NACH EINER JAHRESZEIT LIESS MAN MICH FREI
3 BETREUER AM TOR
DIE GEHÖRT HATTEN ICH SEI GEFÄHRLICH
WIR FUHREN LOS ZU EINER OFFENEN EINRICHTUNG
ICH SAGTE KEIN EINZIGES WORT OBWOHL DER MANN
   HÄSSLICH WAR
OBWOHL DIE HAND NARBIG WAR
OBWOHL DER SCHNEE DAS WEISS DER AUFFASSUNG
OBWOHL DER BLUTREGEN DAS ROT DER AUFFASSUNG
DIE MUTTER DER DUNKELHEIT IN DEINER ÖFFNUNG
EIN NEUER ORT
EIN NEUER PSYCHIATER VERHEIRATET MIT DER
   VORIGEN
DER DASSELBE FESTSTELLEN KANN WIE SIE

VATER MEIN UNGEBORENER SOHN

ICH VERSCHÜTTE ZWANZIG LITER DUNKEL
UND EINE KINDHEIT GEGEN DIE WAND
EINE STEINZEITHAND EIN TASCHENBUCH-KORAN
VIELLEICHT HÄTTE ICH DICH GELIEBT
WENN ICH DEIN VATER WÄR UND NICHT DEIN
  SOHN

»DU KOMMST IN DIE HÖLLE MEIN BRUDER«

ICH SELBST SCHUF DAS SCHULDLOSE
MEIN NAME IST YAHYA HASSAN
UND MEINE ELTERN WÜNSCHTEN ICH WÄRE NICHT
 GEBOREN
UND ICH WÜNSCHTE DAS GLEICHE FÜR SIE
ZUMINDEST DASS SIE TOTGEBOREN WÄREN
ODER DASS ICH
TOT ABER GEBOREN WÄRE
ICH LIEBE EUCH NICHT ELTERN ICH HASSE EUER
 UNGLÜCK
ICH HASSE EURE KOPFTÜCHER UND EURE KORANE
UND EURE ANALPHABETISCHEN PROPHETEN
EURE INDOKTRINIERTEN ELTERN
UND EURE INDOKTRINIERTEN KINDER
EURE GEBRECHEN UND EURE GEBETE UND EUREN
 BEISTAND
ICH HASSE DAS LAND DAS EURES WAR
UND DAS LAND DAS UNSERES WURDE
DAS LAND DAS NIE EURES WIRD
UND DAS LAND DAS NIE UNSERES WIRD
WARUM ALSO FLÜSTERST DU IN DAS ENTZÜNDETE
 OHR
ICH SOLL DIE BÄUME BETRACHTEN?
ICH WOLLTE EUER GLÜCK IN DIE BÄUME HÄNGEN

DOCH ICH HÄNGTE ES IN EINE SCHLINGE UND ASS
DIE KOHLEN
ICH WAR EIN MESSER IM TÜRRAHMEN
UND LIEBE ELTERN IHR SCHLIEFT WIE DIE
ABWESENHEIT
ABER ICH SAH IHN ALS MEIN KIND
UND ICH BEFAND MICH ZUM TEIL IN SEINEM
KÖRPER
ICH STAND AUSSERHALB DES SCHLAFS
UND WENN BLUT FLIESSEN SOLLTE
WÜRDE MUTTER EINGERIEBEN WERDEN
UND SEIN BLUT WAR BESCHMUTZT!
ABER ICH HÄTTE IHM DIE EIER ABSCHNEIDEN
SOLLEN
WIE ER DEM SCHAF DIE EIER ABSCHNITT
UND SAGTE SIEH MEIN SOHN
HIER SIND DIE EIER!

JETLAGFINSTERNIS

ALS ICH AUFWACHE SPIELT DIE SYMPHONIE
AUS EINER RITZE IM HIMMEL
SATAN WAR HIER
4 ZIGARETTENSTUMMEL SCHWIMMEN IM
   WASCHBECKEN
WEIN UND URIN SIND DERSELBE FLUSS
DIE KRANKE SCHEISSE IN DER ECKE IST SCHWARZ DANN
   GRÜN DANN ROT
ICH HABE IMMER NOCH DIE FESTMAHLZEIT IN MEINEM
   MUND
ICH HABE DAS UNVOLLKOMMENE ZWISCHEN MEINEN
   BEINEN
ICH HABE EINEM KLEINEN MÄDCHEN EIN LEBEN AUS
   DEM LEIB GEVÖGELT
MIT DER PROTHESE DIE ICH VON MEINEM VATER
   GEERBT HABE
ICH BEMERKTE DAS BLUT
ICH GAB DAS KRISTALL DES TAGES AUF UND DIE
   HOFFNUNG RECHTS VON MIR
ICH SUCHTE ZUFLUCHT VOR DER MENSCHHEIT
ICH ASS DIE MAHLZEIT DES TAGES IN EINEM LOCH
ICH NAHM MIR DEN GRÖSSENWAHN ZU HERZEN
ICH DUCKTE MICH VOR DEM REGEN WIE DER LETZTE
   IDIOT

ICH NOTIERTE DIE SÜNDEN
UND SCHICKTE SIE ZUR KORREKTUR AN DIE
 PROPHETEN
ICH SPRACH VON DEN SÜNDEN MEIN GEWISSEN FREI
 DAS FAULT
WIE MEIN GEHIRN DAS EINEM VERBRECHER
 GEHÖREN MUSS
ICH SUCHE NOCH IMMER NACH MEINER VORHAUT
BIS ICH SIE FINDE
MUSS ICH DIE PROTHESE VERWENDEN ALS WÄRE SIE
 EIN SCHWANZ
ICH WERDE DAS LETZTE STÜCK MEINES FAULIGEN
 ICHS FINDEN
UND ICH WERDE ES ANNÄHEN
ICH WERDE ALLAH NOCH EINMAL REINLEGEN!
DER HANDSCHMUCK DEN ICH TRAGE
DEN BRINGT MIR DIE OBRIGKEIT MIT
DAS BELLEN DES HUNGRIGEN HUNDES BRINGT SIE
EINEN FETZEN PAPIER UND STAATSSCHULDEN
 BRINGT SIE
DAS WAS IHR SAGT BIN ICH NICHT WERT IHR SEID ES
ICH WILL ZUR HURE
ICH WILL IHR DIE SCHULD FÜR DAS ELEND DER
 LÜSTE GEBEN
DIE SICH FORTPFLANZEN IN MEINER SEELE
WENN ICH IN DIESEM JAHRHUNDERT EINEN
 ANSPRUCH AUF SIE ERHEBEN KANN
MEINE KOKAINSEELE MEINE INTERNETSEELE

MEINE PORNOSEELE MEINE GELDSEELE MEINE
 GEFÄNGNISSEELE
NEHMT MICH RUHIG GEFANGEN
DIE MEISTEN MEINER COUSINS SIND AUF DER
 SCHULDIGEN SEITE DES ZAUNS
GEBT MIR STILLE
VERGEWALTIGT MEINEN KÖRPER BEVOR ES ALLAH TUT
BRINGT MICH ZUM BASAR
WERFT EURE STEINE
NEHMT MEINE ELTERN MIT FÜR DAS WAS SIE
 ERSCHAFFEN HABEN
ICH VERDIENE MEINE GEBURT NICHT
ICH PISSE JA AUF MEIN EIGENES GRAB
UND DAS GRAB NEBENAN DAS IST DAS MEINES VATERS
DIE ERDE IST OHNEHIN NICHT MEIN
WO IST MEINE ERDE
SIE WERDEN VOM MONDSCHEIN BEDECKT
SIE SINGEN SANFT
WÄHREND DIE DROHNEN DIE TRÄNEN EINES FREMDEN
 GOTTES WEINEN
ICH GEHE
AUF DIE JAGD NACH DEM MUTTERLEIB
IHR MACHTET MICH UNABHÄNGIG
IHR MACHTET MICH FÄHIG MUTTER ZU VERLETZEN
IHR KAPPTET DIE NABELSCHNUR
DAS HÄTTET IHR NIE TUN SOLLEN
ICH HÄTTE DER HUND AN DER LEINE DER MUTTER SEIN
 SOLLEN

ASCHE IST DAS WAS NICHT MEHR IST
DAS DUNKEL IST DAS WAS NIE WIRD
DOCH SIEHE WAS SATAN HINTERLASSEN HAT
EINE EWIGE FLAMME AUS SEINER HÖLLE

DER ROLLSTUHL

70 MÜNDER SCHMATZEN
UND MEIN KÖRPERGERUCH UND DEIN KÖRPERGERUCH
ICH ZIEHE DEN ROTZ HÖHER RAUF IN DEN SCHÄDEL
ICH SCHEISSE ICH RÜLPSE ICH ERBRECHE MICH
SO EIN FAULIGER KÖRPERGERUCH UND DEIN
   KÖRPERGERUCH IST MOSCHUS
UND MEINE HÄNGEHODEN UND DEINE AUGENLIDER
SIND DIE GLEICHE HAUT
IST DER NAME NICHT AUSSPRECHBAR IST ER KEIN
   NAME
DAS IST POESIE
MAN MUSS SELBST DENKEN BIS MAN DEN SINN HAT
SONST IST DAS NICHT POESIE
DER ONKEL DER MUTTER IST WOHL EINER DER
   RECHTSCHAFFEN FROMMEN
ABU MAHER GIBT DEN ARMEN ALMOSEN
UND FICKT SEINE FRAU OHNE FREUDE
ER MACHT KINDERGELD
ZUR EHRE DES ÄLTESTEN SOHNES
UND SEINES KORANGEFÜLLTEN KOPFES
SCHLACHTET ER AUSSER DEN HÜHNERN VIER SCHAFE
ER WIRFT JENEN DIE LEBER HIN DIE ZUGREIFEN
   WOLLEN
ER HAT EINEN BART

UND EINEN VERBÜNDETEN IN EINEM ROLLSTUHL
  DER HAT AUCH EINEN BART
AM ROLLSTUHL HÄNGT EIN UNGLÄUBIGER
  GEFOLGSMANN
VON DER KOMMUNE
UND EINE FRAU HIER UND HIER
ER KAUFT EINE WASSERMELONE FÜR DIE EINE
UND IST GEZWUNGEN
EINE WASSERMELONE FÜR DIE ANDERE ZU KAUFEN
SO IST DER ISLAM BÜRDE AUF BÜRDE
SO ROLLT ER HERUM MIT WASSERMELONEN IM ARM
UND IRGENDWO AUF WESTSEELAND FLAGGT DER
  TOD HALBMAST
DOCH HIER BEI BAZAR VEST IST ES ZEIT FÜR DAS
  GEBET
UND DREI GELLERUPKANAKEN SCHIEBEN EIN
  GESTOHLENES MOPED
IN EINE RICHTUNG
UND EINE SCHAR BÄRTIGER SUNNITEN ENTBIETET
  DEM ROLLSTUHL
EIN SALAM UND EINEN SCHUBS IN DIE MOSCHEE
UND ALLAHU AKBAR

DIE GEBURT

EINE MUTTER SCHREIT AUS VOLLEM HALS
EINE WEHMÜTIG GEMARTERTE EINE KEUSCHE MÖSE
UND NÄHRTE EINEN KÖRPER DER NICHT BETEN
  KONNTE
DURCH DIE STIMME DES VATERS UND SEINEN ATEM
  BEIM REDEN
WAR DEM KÖRPER IM VERKRÜPPELTEN OHR EIN
  WAHRES WORT VERGÖNNT
ABER ICH VERGASS ATHAN
UND MEINE OHREN WAREN BESESSEN VON FREMDER
  MUSIK
SELBST WENN IHR AN MEINEM BLUT RÜHRTET
SPÜRTE ICH NUR VON DER HEBAMME ZÄRTLICHKEIT
SIE SINNTE AUF MEIN ÜBERLEBEN
DAMIT IHR DARAUF WEITERSINNEN KONNTET
MEINE HÄNDE NUR ZUR UNDANKBARKEIT
MEIN KÖRPER NUR ZUR GIER
AUGEN DIE MEHR PHANTASIERTEN ALS SIE SAHEN
EIN MUND DER MEHR ERBRACH ALS ER ASS
ZÄHNE AN DENEN MEHR HÄNGENBLIEB ALS SIE
  KAUTEN
EINE NASE DIE MEHR ROCH ALS SIE ATMETE
KOMM MEIN SOHN
WIR WOLLEN BETEN ZU GOTT

DER SOHN ABER KONNTE NICHT MEHR BETEN
UND GOTTES ZUFRIEDENHEIT WAR NICHT NUR DEM SOHN VORBEHALTEN
IM MORGENGRAUEN SANGEN DIE VÖGEL NUR FÜR MICH
ABER ICH SCHLIEF BIS SONNENUNTERGANG
WO DAS FASTEN EIN ENDE FAND UND DER KORAN VERSTUMMTE
MIT DEN ENTLAUFENEN TIEREN WAR MEINE FREIHEIT ZUGEWACHSEN
MIT DEN GLÄUBIGEN WAR MEINE SPRACHE GEHEUCHELT
MIT DEN UNGLÄUBIGEN KAM MEIN GEHEUCHEL ZUR SPRACHE
IMMER WILL ICH BEI BEWUSSTSEIN SEIN
MEINE ERINNERUNGEN WAREN DROGEN
UND SCHRAMMEN AM HORIZONT
ICH WOLLTE ALLE MEINE TASCHEN FÜLLEN MIT FRÜCHTEN
DOCH SIE WAREN GEFÜLLT MIT GELD MIT MESSERN MIT BLUT
WAS WAR MEINE LIEBE ZU DIR
EIN GLAS WASSER EIN GESCHLOSSENER MUND
ÄNGSTLICHER RESPEKT UND MECHANISCHE WANGENKÜSSE
ZWEI GERÄUSCHE AUF DER EINEN WANGE UND ZWEI AUF DER ANDEREN
UND PLÖTZLICH KONNTE ICH NICHT MEHR BETEN

DIE VERKOMMENEN VERSE VERLIESSEN MEINEN
  KÖRPER
UND WENN ICH SCHLIESSLICH REZITIERTE WAR DAS
  AUF DEM KLO
ODER IN DER FRUCHTBAREN UMARMUNG EINER
  UNGLÄUBIGEN
LASS DIE HAND MEINER MUTTER IN RUH
SIE GRÜSST NICHT
LASS SIE IHRE TRÄNEN WEINEN OHNE CHARME WIE
  HUNGER
DENN EIN PAVIAN WAR ICH
ICH RIEB DIE SÜNDE VOM ZAHN
MEIN GLIED TRUG ICH NICHT NUR FÜR URIN
ICH BEFUMMELTE DIE COUSINEN
IN ALLAHS NAMEN
DIE PUBERTÄT WAR MEIN SCHLACHTFELD
MEIN NASCHID WAR VON DSCHAHANNAM
UND DIE GNOME HINKEN ZURÜCK ZU DEN BLÖCKEN
MIT DEN MÜTTERN AUF DEN SCHULTERN
UND DOKTRINEN AUS DEN GROTTEN
SIE BETEN FÜR MEINE ERRETTUNG
SIE RUFEN NACH DEN IMAMEN
DOCH DA SIND STEINE IN MEINEM MUND
ICH SCHREIE MIT DEN SCHWEINEN

DIE UTOPIE

ALLAHS WEGE ENDEN HIER
NIEMALS WIRD EIN TAG MIT GELBEM AUTO UND
   LIEBKOSUNGEN KOMMEN
DAS HIER IST MEINS
FREITAGSGEBET UND FASSBIER
SAUERSTOFFSCHWUND IM GHETTO
EIN BOGEN GESPANNT WIE DIE HIMALAYA-KETTE

MAN GRÄMT SICH

ICH SCHEISSE EINE ROSE MIT DORNEN
MEIN ARSCH BLUTET VOR TORHEIT UND RACHE
ICH BIN EIN SCHEISS ANTISEMIT
DAS FLOSS IN MICH EIN MIT DER VATERMILCH
MIT DEN DROHNEN ÜBER DEN OLIVENBÄUMEN
MIT STERNEN UND STREIFEN UND WEISSEM PHOSPHOR
DAS FLOSS IN MICH EIN AN DER KLAGEMAUER
MIT DEM JAMMER SEIT DEM HOLOCAUST
MIT DEM JAMMER DER PALÄSTINENSER
UND ICH LEIDE MIT IHNEN

DIE ENTTÄUSCHUNG

AM FUSSE DES BERGES FAND ICH DEN KÖRPER DER
   KINDHEIT
VERSTÜMMELT IM SUMPF
ICH SCHLEPPTE IHN HINTER MIR HER WIE EINEN
   BRUDER
ICH SUCHTE DIE VERDORBENE HAUT FÜR DIE
   ZÄRTLICHKEIT
ICH FAND DEN KUSS DER MUTTER UND ICH FAND
   DEN DES VATERS
ABER DIE WANGE FÜR KÜSSE WAR DIE WANGE FÜR
   SCHLÄGE
ICH HATTE DEN WUNSCH EUCH ZU DIENEN
DOCH ICH SCHNITT MIR INS EIGENE FLEISCH
ICH FÜLLTE MEINEN BAUCH MIT SCHWEINEN
UND KAM NUR NACH HAUSE ZUM SCHEISSEN
DIE NACHT BOT MIR NICHTS
UND MEIN TAGESLAUF WAR OHNE TAGE
GLEICHZEITIG
STAHL ICH DEN JAHREN DIE BESTÄNDIGKEIT
ICH ZAPFTE MEINEM GLIED DIE WÜRDE AB
ICH BEGRAPSCHTE NOCH EINEN FRAUENKÖRPER
BEHARRLICH SO WIE MEIN BEFANGENSEIN
SICH AN MEINER VERKRÜPPELTEN ZUKUNFT
   VERGRIFF

UND DA ICH DIE FINGERNÄGEL NICHT NOCH WEITER
RUNTERKAUEN KONNTE
MUSSTE ICH DEN FUSS IN DEN MUND NEHMEN
ICH LIEF DAVON MIT IHRER EHRE
DENN WENN DER BRUDER UNGLÄUBIG IST
IST DIE UNSCHULD DER SCHWESTER UNREDLICH
WENN DIE MUTTER VERHÜLLT IST
SIND DIE FEHLER DES VATERS UNSICHTBAR
ER VERRÜCKTE DEN STEIN DOCH ER BRACH DAS BEIN
ER NAHM DEN TOD SEINER MUTTER MIT DEM SEINES
    BRUDERS
ER MACHTE FÜNF KINDER MIT BITTEREN HERZEN
UND FAND EIN NEUES KOPFTUCH UND MACHTE NOCH
    DREI
ICH LIEF DAVON MIT IHRER EHRE
UND ALS DIE VERWANDLUNG GESCHAH
DA BISSEN SIE EINANDER DIE FINGER AB
SIE HOLTEN HERVOR WAS SIE HINTER SICH HATTEN
UND KONFRONTIERTEN DIEJENIGEN VOR SICH
AM RANDE DER TRÄNEN WAREN SIE
UND DER BRUNNEN WAR TIEF UND DER TRAUM WAR
    ERSTARRT
SO DASS NIEMAND SEINE TRÄNEN ZURÜCKHALTEN
    WOLLTE
ES FEHLTE EIN MUND
UND DIE KOMPENSATION WAR EIN ARSCHLOCH
WIE WILLST DU ALSO DEINEN HUNGER STILLEN

FEBRUARUNVORHERSEHBARKEIT

STILLE IST STILLE
UND WILDWUCHS
DEINE HÖLLE IST MEINE
SO EINFACH IST DAS
ICH EROBERE SIE MIT DER HOFFNUNG IN DEN
   FINGERSPITZEN
DEINE AUGEN SIND EINE ILLUSION
SO LACHT MEINE PARANOIA IN DIE NACHT
ICH BIN DAS SCHWEBENDE DAS BEWUSSTLOSE
GESCHLECHTSLOS IN NACKTER LUFT
ICH SCHLAGE PURZELBÄUME IN GEDANKEN
IM FEBRUAR HATTE ICH EINEN TRAUM
ALSO PASS AUF WOHIN DU DEINE KÜSSE SETZT
KÖNNTE SEIN SIE SETZEN SICH FEST
DU SAGST DAS EINE ODER ANDERE UND SO SAGE
   AUCH ICH DAS EINE ODER ANDERE
ABER ICH KANN DAS NICHT GUT NACHSCHLAGEN UM
   ES GLEICH DARAUF AUSZUSCHLAGEN
EINE NEUE ZIGARETTE ANZÜNDEN UND EINEN
   ANDEREN SONNENAUFGANG SEHEN
DU MUSST ES SEIN
ALSO SCHÄLE ICH DIE ASCHE VON DER ZIGARETTE
UND FILTERE AUS DEM TETRAPAKWEIN DIE POESIE
ICH SAGE WEINE DEINEN GLANZ

ABER SEI WACHSAM
ICH BIN EIN FREUND
UND ICH WERDE DICH HÖCHSTWAHRSCHEINLICH VERARSCHEN!
ABER BEVOR WIR DIE RISSE IN DER EWIGKEIT SEHEN KÖNNEN
MÜSSEN WIR VOM BAUM ESSEN UND ALLAH VERRATEN
WIR MÜSSEN DEBÜTIEREN UND KOKSEN
UND MITSINGEN BEI EINEM VERS VOLLER HOCHMUT
WIR MÜSSEN!
SIE SCHLACHTEN UTOPIEN UNGEACHTET DER TRÄUMER
DER MANN IN SCHWARZ SCHÜTTET HERZBLUT IN DIE KANALISATION
DER SOMMER IST FÜGUNGEN UND KNÄSTE
UND ICH BIN DER FEIGLING
DER SICH SICHER HINEINTRÄUMT IN DEINE UMARMUNG AUS ZUKUNFT
DOCH OHNE ERFOLG
MEINE PARANOIA LACHT WEITER UND ICH LACHE MIT
SIE SAGEN WACH AUF UND RIECH AN DER MÖSE
ABER ICH STECKE DIE WORTE IN BRAND
ICH SCHAUE WEG
SIE LEIDEN
ABER DAS HIER IST NICHT MEIN KAMPF
MEIN FLEISCH IST ENTFREMDET
DER BÜRGERSTEIG IST NICHT MEINER
ICH LÄCHLE IM SONNENSCHEIN UND IN STIMMUNGEN

ICH MÖCHTE SPRECHEN
ABER NICHT DARÜBER
BEACHTE DASS ICH ANGST HABE
DASS ICH AN NOCH EINER ZIGARETTE ZIEHE
HALTE DICH FERN VON DIESER DUNKELHEIT
ALLE DIE DICH LIEBEN WERDEN DIR DAS RATEN
ALLE WOLLEN DICH VÖGELN
BALD LIEGST DU TOT IM GRABEN
ERSTICKT AN DEINER EIGENEN POESIE
DEINE SCHWULENLOCKEN KÖNNEN DICH NICHT RETTEN
ABER ES IST ZU FRÜH UM SENTIMENTAL ZU WERDEN
ZU FRÜH UM EINEN JOINT ZU RAUCHEN
UND JEMAND ZU WERDEN DER DEN UMWEG GEHT
UM ALLAHS WEGE HERUM
ICH WINKE ZUM ABSCHIED WIE EIN KLEINES KIND
1 2 3 INMITTEN ALLER VERGÄNGLICHKEIT

GHETTO-GUIDE

MEIN MUTTER KAPIERT NICHT GUT DÄNISCH
ABER DIE ANDEREN ARABERMÜTTER KAPIEREN NOCH
  WENIGER
UND MEIN MUTTER DIE IST DA SEIT ACHTZIGERN
UND SEIT NEUNZIGERN SIE GEHT SOGAR THEORIE
ABER SIE HAT ERST 2010 FÜHRERSCHEIN GEKRIEGT
SIE KENNT ABLAUF
DER MANN DER MEIN VATER IST
EINMAL HAT DER EIN MOPED GEHABT
ABER JETZT WO ER TAXI FÄHRT GANZEN TAG LANG
KOMMT ER HEIM BETEN
MUTTER SIE KENNT DEN WEG
VON KÜCHE INS ZIMMER
ER VERSPERRT TÜR
UND ICH ICH WEISS DASS ER JETZT ENTWEDER
  SCHLÄGT ODER FICKT
ER VERBRENNT SICH DIE ZUNGE
WEIL ER KEIN GEDULD HAT MIT WARMEM ESSEN
PLÖTZLICH KRIEGT FUHRE UND IST WIEDER WEG
WIR WIR SPIELEN UND SCHLAGEN UNS BIS MUTTER SIE
  SCHREIT
UND DROHT UNS MIT ANRUF BEI TAXIFAHRER
MEIN MUND DEN HAT SIE MIT CHILI GESTOPFT
UND HAT MICH AUF KLO GESPERRT

UND ICH ICH WAR ZUFRIEDEN
WEIL ANDERE MAL KOMMT ER GANZ VON ALLEINE
ER ERWISCHT UNS IM ZIMMER AUFEINANDER
ZUERST SAGT ER WAS ER IMMER GESAGT HAT
WIE OFT HAB ICH GESAGT
IHR SOLLT NICHT SPIELEN MIT HÄNDE
DANN GIBT OHRFEIGEN UND BRICHT WAS AB
UND ICH ICH VERSTEH
WARUM ER SO GEWÄHRT SEINEN HÄNDEN
    GEWALTTÄTIGSEIN
MEIN MUTTER SIE KENNT ABLAUF
SIE HILFT ARABERMÜTTER
SIE HILFT SIE SOZIALHILFE KRIEGEN
ABER ZUERST SIE VERSUCHEN MIT FRÜHPENSION
SIE RUFT AN BEI KOMMUNE FÜR SIE
SIE RUFT AN BEI ARZT FÜR SIE
WENN IHRE SÖHNE MÜSSEN ZUM RICHTER ZEIGT
    WEG
WENN IHRE SÖHNE WERDEN EINGESPERRT
SIE WEINT FÜR SIE
DER MANN DER MEIN VATER IST
SIE HILFT SEINE FRAUEN MIT FLUCHT
WENN SIE RAUSFINDEN DASS ER IST EINFACH EIN
    HUND

ERINNERUNG

ALSO BESTÄTIGTE DER MOND DASS DAS OPFERFEST AUF
 EINEN DONNERSTAG FÄLLT
UND DASS WIR SOMIT FASTEN MÜSSEN EINEN LETZTEN
 TAG
WIR SPRECHEN DAS GEBET ZUM OPFERFEST
 DONNERSTAG UM 9:30 UHR IM 1. STOCK
SCHWESTERN HABEN AUCH DIE MÖGLICHKEIT ZU
 BETEN (IM KELLER)
BUS 6A UND 15 FAHREN DIREKT ZU GOTT
MÖGE ALLAH WOHL ANNEHMEN EUER FASTEN, EURE
 GEBETE, REZITATION, DU'A
UND EURE GUTEN TATEN

DER JÜNGSTE TAG

AN JENEM TAG DA FURCHT UND SORGE
UNTER DEN MENSCHEN SEIN WERDEN
AN JENEM TAG DA DIE MUTTER VERGESSEN
   WIRD IHR KIND
AN JENEM TAG DA DIE MENSCHEN BETRUNKEN
   SEIN WERDEN
ABER SIE SIND NICHT BETRUNKEN
AN JENEM TAG DA DIE SCHWANGEREN FRAUEN
   GEBÄREN VOR DER ZEIT
AN JENEM TAG DA DER NICHT-MUSLIM
SICH WÜNSCHEN WIRD MUSLIM ZU SEIN
AN JENEM TAG DA DER SCHIITE SICH WÜNSCHEN
   WIRD SUNNIT ZU SEIN
AN JENEM TAG DA EIN JEDER SEINE STRAFE
   ERHÄLT
BESONDERS DER UNGLÄUBIGE
AN JENEM TAG DA ES ZU SPÄT SEIN WIRD
ZU BEREUEN UND ZUFLUCHT ZU NEHMEN ZUM
   ISLAM
LIEBE BRÜDER UND SCHWESTERN
DIE SCHÖNSTEN AUGEN SIND NICHT DIE BLAUEN
   ODER DIE GRÜNEN
NICHT DIE BRAUNEN ODER DIE MIT LANGEN
   WIMPERN

DIE SCHÖNSTEN AUGEN SIND DIE
DIE IN FURCHT VOR ALLAH WEINEN
UND IHRE BLICKE SENKEN

BEHINDERTENSCHULE

COUSIN AHMAD BEGLEITET SEINE
   ZURÜCKGEBLIEBENE SCHWESTER ZUR SCHULE
ER SIEHT FLACHBILDSCHIRME UND PLAYSTATIONS
   UND COMPUTER
ES GIBT KEINEN ALARM UND DIE FENSTER SIND KEIN
   PROBLEM
ER HAT EINEN WAGEN AUF PUMP GEKAUFT VON
   EINEM GELLERUPKANAKEN
UND IHN AM SELBEN TAG ZU SCHROTT GEFAHREN
ER MACHT DEN FRISIERSALON LEER
NEBEN DEM KIOSK DES KURDEN
UND BESTICHT DEN GELLERUPKANAKEN
MIT SCHEREN UND MASCHINEN FÜR SEINEN
   HAARWUCHS
EIN TEIL VON AHMADS SCHULDEN WIRD GETILGT
DER KURDE BEKOMMT EINEN FÖHN FÜR SEINE FRAU
DAFÜR DASS ER DEN ALARM AUSCHALTETE
ER BEKOMMT EIN BISSCHEN HAARGEL FÜR SEINEN
   SOHN
UND EIN BISSCHEN HASCH FÜR SICH SELBST
IN DEM AUTO DAS ICH VOR EINEM HALLENBAD
   STAHL
FAHREN WIR ZU DER SCHULE
MIT DEM KLEINEN UND DEM GROSSEN BRECHEISEN

WIR PARKEN DEN WAGEN GLEICH NEBEN DEM FENSTER
WIR LEGEN DIE SITZBANK UM ÖFFNEN DEN
   KOFFERRAUM
GIB MIR DAS KLEINE EISEN SAGT AHMAD
UND BRICHT DAS FENSTER AUF
ICH PACKE DIE KIPPEN EIN UND ZIEHE DIE
   HANDSCHUHE AN
BEVOR ICH HINEINKLETTERE
AHMAD TRITT TÜREN EIN UND MONTIERT DEN
   FERNSEHER AB
ICH SAMMLE WERTSACHEN EIN IN EINEM
   WÄSCHEKORB
WIR RUFEN HEHLER-HASSAN AN
UND FAHREN ZUM GROSSEN HAUS DER FAMILIE IN
   SØFTEN
MEINE TANTE GLAUBT AN DIE VERWANDTSCHAFT
ABER IHR MANN GLAUBT ANS CASINO
UND DER REST DER MÄNNER IN DER FAMILIE GLAUBT
   AN GELD IN DER HAND
UND ICH BIN EINER DER COUSINS VON HAUS ZU HAUS
UND DIE COUSINEN EIN PAAR KÖPFE MIT
   KOPFTÜCHERN
MANCHE ZEITWEISE MANCHE GANZ OHNE
ABER SIE SIND KEINE WÜRDIGE GESELLSCHAFT
FÜR MEINE VERHÜLLTEN SCHWESTERN
SIE HABEN SCHLECHTE GEWOHNHEITEN
UND DIE MÜTTER ÜBER DIE BLÖCKE VERTEILT BLEIBEN
   NICHTSAHNEND

UND DIE VÄTER ÜBER DIE MOSCHEEN VERTEILT
   HABEN SCHLECHTE PLÄNE
UND DIE GITARREN STEHEN IMMER NOCH DA
SAGT ES KEINEM DASS ICH VON EUCH KAUFE
IHR WISST WIE DIE FAMILIE IST

ATHAN

ZUERST RUFT DIE MUSLIMISCHE UHR AN DER WAND
   ZUM GEBET
MIT GOTTESFÜRCHTIGER STIMME
DANN WEINT DER IMAM IM FERNSEHEN NOCH EIN
   BISSCHEN
DANN HORCHT DIE MUTTER NACH DEM WASSER
ABER DER SOHN HAT SICH NOCH NICHT GEWASCHEN
ALSO RUFT IHN DIE MUTTER MIT EINEM SATANISCHEN
   SCHREI
UND DER KÖRPER WÄSCHT SICH IM RITUAL
UND WIRD BALD BETEN ZUM GOTT DER ELTERN

KUMPELS

HEUTE LASS ICH ES BLEIBEN
ICH LASSE DIE GARDINEN WO SIE SIND
ICH WERDE FRÜHSTÜCKEN UND DUSCHEN
EINE TASSE KAFFEE TRINKEN UND ES BEI EINER
   ZIGARETTE BELASSEN
EIN GEDICHT SCHREIBEN UND IN EINER ZEITUNG
   LESEN
UND NACH LÄNGERER ZEIT DER
   ENTSCHLUSSLOSIGKEIT
WÄHLE ICH EIN BUCH AUS DER SAMMLUNG
ABER EIN ANRUF VON EINEM COUSIN
UND ICH BIN AUF DEM WEG ZUR TÜR RAUS
HANDSCHUHE IN DER JACKE UND WERKZEUG
   IN DER TASCHE

URLAUBSVERTRETUNG

DER PUSHER FÄHRT IN DIE EMIRATE
MIR ÜBERLÄSST ER DIE RAUCHTELEFONE
UND EINE TASCHE MIT PLATTEN UND WAAGEN
DENK DRAN WENN DU ES AUFTEILST
DANN BIST DU DER PUSHER
UND LASS NIEMANDEN ANSCHREIBEN
JUNKIES KOMMEN NIE ZURÜCK
ABER WENN WELCHE VON DEN GROSSEN WAS
  BRAUCHEN
DANN GIBS IHNEN EINFACH
AUSSER DU WILLST PROBLEME HABEN
ZEIG NIE WAS DU IN DEN HÄNDEN HAST
RAUCH NICHT MIT DEN KUNDEN
UND HALT IMMER DIE AUGEN OFFEN NACH DEN
  BULLEN
WENN DU PROBLEME HAST MACH EINEN ANRUF BEI
  ISSA
ER WIRFT EIN DOLOL UND RÖSTET EINE KIPPE
DIE PARANOIA LASS MAL SCHÖN BLEIBEN
IMMER DIE RUHE UND RAUCH WAS
ZWEI FREITAGSGEBETE UND ICH BIN ZURÜCK
ER STECKT MIR 10 GRAMM ZU
UND SAGT DA HAST DU WAS ZUM RAUCHEN
KRIEGSTU GELD WENN ICH WIEDERKOMM

DAS MESSER IST STUMPF
ALSO BEISSE ICH WIEGE ICH VERPACKE
DAS TELEFON LÄUTET UND FREUNDE WOLLEN SICH
TREFFEN
DIE SCHIEFE SCHULTER
DIE STUDENTEN
DER RENTNER
DER KANAKE IM FORD
DER NEGER DER COUSIN DIE HURE DER JUNKIE
KOMM ZUM GRÜNEN BLOCK NUMMER 23
KOMM ZUR UNTERFÜHRUNG
KOMM ZU FAKTA
ICH PFLÜCKE MIR HIER UND DA EINEN KUNDEN
WER BIST DU FRAGT DER KURDE
ICH BIN DER PUSHER SAGE ICH WAS BRAUCHST
DU
WEISST DU WO ICH AMPH HERKRIEGE?
ICH WEISS NICHT WO DU AMPH HERKRIEGST
UND ICH HAB KEIN DOLOL MEHR
WAS HAST DU SONST?!
ICH HAB ÖL IM KLEINEN FÜR HUNDERT KRONEN
UND FÜNF GRAMM FÜR DREIHUNDERT
BISTU INTEGRIERT
ABER KHALAS GIB MIR EINFACH WAS UM
DREIHUNDERT
ICH BIN AUF ENTZUG
DIE SÄUFER SITZEN AUF DER BANK
UND BETRACHTEN DIE GENERATIONEN

UND DIE GROSSEN GEHEN RUM MIT STEROIDEN IM
 GEMÜT
UND DIE RAUCHMOBILE FAHREN DURCH DIE
 GEGEND
UND DIE MULLAHS GEHEN IN DIE GEBETSHÄUSER
DIE BULLEN PATROUILLIEREN
VOR FAKTA HINTER FAKTA
AUF STRASSEN AUF WEGEN
BEI DEN WEISSEN WOHNBLOCKS BEI DEN GRÜNEN
ALSO SCHICKE ICH DIE KUNDEN RÜBER ZUM BLOCK
 MEINER MUTTER
WERFE KLUMPEN VOM BALKON
UND HOLE DAS GELD AUS DEM BRIEFKASTEN
DIE GEGEND BRODELT
ZWEI VON DEN GROSSEN SASSEN IN EINEM AUTO
ALS WELCHE VON DEN FREMDEN BLOCKS
MIT MESSERN UND KNÜPPELN ANKAMEN
ZUSCHLUGEN ZUSTACHEN 20 SEKUNDEN
UND HINTER TREPPENHAUSTÜREN VERSCHWANDEN
ALSO IST JETZT EIN TREFFEN BEI FAKTA
ALLE VERSAMMELT
DIE GROSSEN UND DIE KLEINEN
UND DIE MITTLEREN
SCHUSSSICHERE WESTEN WERDEN VERTEILT
AUSGANGSVERBOT ABENDS FÜR DIE PASSIVEN DIE SICH
 DRAN HALTEN
SIE FAHREN MIT MOTORRÄDERN HERUM
UND BEHALTEN DIE GEGEND IM AUGE

SIE LASSEN EIN BISSCHEN VIEL ANSCHREIBEN
ZURZEIT
DIE TELEFONE KLINGELN
DIE ALTE NUMMER UND DIE NEUE NUMMER
ICH SCHICKE SIE ALLE ZUM SELBEN BLOCK
ICH GEHE VORBEI AN DEN BULLEN
ABER ICH STELLE DABEI MEINE FRIEDVOLLEN
LOCKEN AUS
UND WACKLE EIN BISSCHEN MIT DEM ARSCH
UND WIE WÄRE ES ZUERST
MIT DEN ANDEREN KANAKEN ETWAS ANZUFANGEN
DIE KUNDEN TRAPSEN IM TREPPENHAUS RUM
ICH GEBE IHNEN WAS SIE BRAUCHEN
UND DER ALTE KUNDE BEKOMMT DIE NEUE
NUMMER
MIR GEHEN DIE GROSSEN KLUMPEN AUS
GEHE HEIM DEN RUCKSACK HOLEN
UND RADLE ZUM HINTERMANN MEINES
HINTERMANNS
ER GEHT AUF DIE KNIE AN DER BETTKANTE
UND HOLT EIN PAAR VAKUUMVERPACKTE PLATTEN
HERVOR
KANNST RUHIG HIER SCHNEIDEN SAGT ER
IM WOHNZIMMER SIND WAAGE UND ZANGE
ICH SCHNEIDE DIE PLATTEN UND BAUE EINEN JOINT
AUS DEN RESTEN
DEN RAUCHE ICH AUF SEINE RECHNUNG UND FAHRE
ZURÜCK

COUSIN BILAL RUFT AN
UND HAT COUSIN ADNAN IM SCHLEPPTAU
ER STIEHLT RÄDER UND SETZT SIE INSTAND
UND VERKAUFT SIE IM ANZEIGENBLATT
ER HAT AUFGEHÖRT ZU RAUCHEN
WILL ABER FÜR SEINEN KLEINEN BRUDER WAS
   MITNEHMEN
ICH GEBE IHM EINEN KLUMPEN
BEISSE EIN STÜCK VON MEINEM EIGENEN AB
UND GEBE IHM AUCH DAS
GRÜSSE UND PASS AUF DICH AUF
ICH GEH IN DEN KIOSK UM ZIGARETTEN
WAS GEHT GYLDENDAL BIST DU JETZT PUSHER?
ICH HAB KEINE LUST SIEBEN DRECKIGEN
SOMALIERN DIE HAND ZU GEBEN
ALSO HEBE ICH GRÜSSEND DIE FAUST
DEN FÄUSTEN VON SIEBEN SOMALIERN ENTGEGEN
UND GEHE WEITER IN DEN KIOSK HINEIN OHNE ZU
   ANTWORTEN
HALLO DICHTER SAGT SHARIF ER SAGT NIE WAS
   ANDERES
PACKUNG PRINCE BITTE
HALLO DICHTER
ICH RAUCHE EINEN NACHTJOINT IN EINEM
   GESTOHLENEN AUTO
MIT EIN PAAR JUNGS AUS DER GEGEND
SETZE MICH REIN ZÜNDE MEINEN JOINT AN
UND BEHALTE DIE HÄNDE IN DEN TASCHEN

EIN MOTORRAD IST VOM BLOCK IN DER MITTE ZU HÖREN
ZWEI STRUMPFMASKEN FAHREN UNS ENTGEGEN
SCHAUEN ZUR SCHEIBE REIN ERKENNEN UNS UND FAHREN WEITER

LANGGEDICHT

DEN EINEN TAG
BIN ICH GESUNDER UND GUT INTEGRIERTER
   DICHTER
ICH SCHREIBE MAIL AN LARS SKINNEBACH
AN PABLO LLAMBIAS AN SIMON PASTERNAK
DEN ANDEREN BIN ICH BESCHULDIGT FÜR
   AUTODIEBSTAHL
UND STRASSENRAUB UND EINBRUCH
BIN ICH ZU VERNEHMUNG ZU BEWÄHRUNG
ZU DROGENCENTER ZU GERICHT
ZU KNAST ZU PSYCHIATER ZU PSYCHOLOGEN
UND WIEDER ZU KOMMUNE
MANCHMAL LASSEN SIE ANKLAGEN FALLEN
UND OBWOHL ICH ES WAR
KANN ICH MIT GUTE GEWISSEN
FLASHEN MEIN UNSCHULD
WEIL ES IST WAHRHEIT
WEIL DIE DA EIN BRIEF SCHREIBEN
UND MIR SCHICKEN
UND ICH DAS SAG ZU MEIN NEUEN FREUNDEN
ZU JOURNALISTEN SAG ICH
ICH WAR ES NICHT
OFT BIN ICH BESCHULDIGT
FÜR ZEUG DAS ICH OFT NICHT GEMACHT HAB

IST ECHT BEDAUERLICH BESCHULDIGT ZU SEIN
ABER ALHAMDULILAH BESCHULDIGUNG WIRD
   FALLENGELASSEN
UND ICH WILL SCHADENSERSATZ
UND WIR RINGEN MIT UNRECHT
UND ICH BIN INSPIRATION ZU ARTIKEL
UND ICH SAGE DAS ZU GYMNASIASTEN
UND ZU STUDENTEN
UND ZU KÜNSTLERN AUCH
ICH SAGE DAS ZU INTERVIEWERN
VON DÄNISCHE RUNDFUNK
ICH REDE VOM FELD VON BÄUMEN
ICH SAGE
DAS IST EIN SCHÖNE LAND!
ZU MEIN SACHBEARBEITER SAG ICH
GUCKSTU!
UND ICH HOLE BRIEF RAUS VON POLIZEI
UND ICH SAGE GUCKSTU!
ICH BIN OK!
DAS BIN NICHT IMMER ICH
ICH APPELLIER AN IHRE GEWISSEN
VIELLEICHT HAB ICH VERDIENT EIN PLATZ IN
   HOCHSCHULE
DAMIT ICH VON GHETTO KANN WEGKOMMEN!
DAMIT ICH MEIN MUTTER KANN STOLZ MACHEN!
DAMIT ICH KANN FALSCHE VORBILD SEIN
FÜR MEIN BRÜDER DENKE ICH!
FUCK YOU ZÄHNE DIE KLAPPERN IN KÄLTE

UND WIRBELN DIE KRÜMMEN NACH INNEN
ICH PISSE EIN BISSCHEN AUF NYMO IM SCHNEE
DA HABT IHR MEIN GESCHICHTE! REDET DRÜBER
MIT WÜRFELZUCKER UND KAFFEE IN EUER MILCH
JETZT IST DA SCHON WIEDER EIN ANRUF AUS
   MITTLERE OSTEN
DA IST GELIEBTE GROSSVATER UND GELIEBTE
   GROSSMUTTER
UND GELIEBTE TANTE UND GELIEBTE ONKEL
DA IST ASALAMU ALAYKUM
DA IST ALHAMDULILAH SUBHANALLAH
MASHA'ALLAH INSHA'ALLAH UND DA IST BYE
ICH WIE ICH KLEINER KANAKE WAR
MIT LEHRERN DIE WAREN LISTIGE RASSISTEN
BIN ICH SCHNELL RAUSGEFLOGEN AUS GRUNDSCHULE
DANN HAT KOMMUNE GEFUNDEN SONDERSCHULE
UND TAXI DAS HAT MICH GEHOLT JEDEN MORGEN
WENN TAXI HAT MICH GEHOLT JEDEN MORGEN
DA HAT IMMER SO EIN ADHS-KIND
AUF RÜCKSITZ GESESSEN UND GESCHNARCHT
DANN SIND WIR GEFAHREN ZU EIN BLOCK IN MEIN
   NÄHE
UND HABEN ABGEHOLT MEIN FREUND
UND DANN SIND WIR
GEFAHREN ZU EIN ANDERE BLOCK IN MEIN NÄHE
UND HABEN ABGEHOLT MEIN COUSIN
UND DANN SIND WIR GEFAHREN ZU SCHULE
ICH WIE ICH KLEINER KANAKE WAR

MEIN VATER HAT SICH GEHOLT KOPFTUCH VON INTERNET
WIR SIND GEFLOGEN ZU FLÜCHTLINGSLAGER WO ER GEBOREN IST
UND ER IST GEFLOGEN NACH TUNESIEN
UND ZUSAMMEN MIT SEIN INTERNETKOPFTUCH
HAT ER GEWOHNT IN KLEINE HAUS MIT BAHNSCHIENEN DANEBEN
MIT SONNE UND HORIZONT ÜBER IHR KÖPFE
ABER PLÖTZLICH WAR DA DROHNE ÜBER UNSER KÖPFE
DANN VON FLÜCHTLINGSLAGER NACH SYRIEN NACH DÄNEMARK
ABER VATER HAT VERSTECKT DEN SCHLÜSSEL ZU UNSERE WOHNUNG
WEIT DRIN IN FUNKTIONSLOSE FOTZE VON SEIN SCHWESTER
WÄHREND ER ALSO GEHEIRATET HAT
HABEN WIR GEFUNDEN EIN KLEINE KRISENCENTER
ICH BIN EIN KRÜPPEL
MIT MEIN MUND SUCHE ICH MEIN SCHWANZ
BUCKELRÜCKIG WIE EIN KRÜPPEL BIN ICH
WENN ICH SUCHE MEIN SCHWANZ MIT MEIN MUND
UND WENN ICH SUCHE MEIN SCHWANZ MIT MEIN MUND
UND BUCKELRÜCKIG BIN WIE EIN KRÜPPEL
DANN VERSUCH ICH MICH ZU BEWEGEN GERADRÜCKIG

UND SCHLUCK ICH MEIN SPERMA
ZU MEIN ONKEL SAG ICH
ICH BIN FREI IN DIESER SACHE
ABER NICHT BITTER SEIN ONKEL
GANZ RUHIG ICH BIN NOCH DRAN MIT GANZ
 ANDEREN SACHEN
ICH SAGE
DU MUSST DICH KONZENTRIEREN AUF DEIN INZEST
UND AUF DEIN SÖHNE IHRE SÜNDEN
ICH SAGE DASS ICH WENIGSTENS
MANIPULIEREND GUT SPRECHE DÄNISCH
ICH SAGE DASS ER HALTEN SOLL SEIN FUCKING
 FRESSE
WENN WIR STEHEN VOR GERICHT
ZU MEIN VATER MÖCHTE ICH SAGEN SO MANCHES
ABER UMSTÄNDE SIND SO
DASS WIR NICHT REDEN ZUSAMMEN
ICH REDE NICHT ZU IHM
UND ER BEMÜHT SICH NICHT
DASS ER REDET ZU MIR
EINMAL WIE WIR GEREDET HABEN ZUSAMMEN
HAT ER GESPIELT BOXKAMPF MIT MEIN GESICHT
UND HINTERHER HAT ER ABGEBROCHEN EIN
 HOLZLATTE
HAT GESCHLAGEN HAT GEREDET
UND WIE MEIN ARM HAT GEMACHT KNACK
ER HAT AUFGEHÖRT ZU ZÄHLEN
ER HAT GESTREICHELT MEIN KINN

ER HAT GEFUNDEN MEIN
  KRANKENVERSICHERUNGSKARTE
UND IN DER NOTAUFNAHME ER HAT GESAGT
MEIN SOHN HAT ARM GEBROCHEN
SIE HABEN MICH GELEGT AUF LIEGE
SIE HABEN PILLEN GESTECKT IN MEIN ARSCH
SIE HABEN RÖNTGEN GEMACHT UND GIPS
UND DANN LANGE ZEIT ER HAT GESCHLAGEN NUR
  MEIN FÜSSE
WENN DIE FAMILIE SICH SAMMELT
GEHEN COUSINS RUM UND REDEN VON
  KRIMINALITÄT
UND VERKAUFEN EIN FLATSCREEN AN TANTE
MÜTTER REDEN VON GELD UND GEBURTEN
UND ÜBERBIETEN SICH MIT KATASTROPHEN
VÄTER SITZEN AUF IHREM ARSCH UND
VIELLEICHT AUCH BEGINNEN ZU BETEN
MIT SPEICHEL IN IHREM BART
SPIELEN KARTEN
UND QUATSCHEN RUM ZU ISLAM UND AL JAZEERA
GROSSVATER DER SITZT BLOSS DA UND STARRT
UND ZISCHT GROSSMUTTER AN DIE NICHT
  GROSSMUTTER IST
DANN GEHT VIELLEICHT EINER ZU GROSSVATER
UND GIBT EIN WANGENKUSS UND STELLT
  ZUCKERKRANKHEITSFRAGE
UND ER SCHEUCHT DAS WEG
UND DANN GROSSVATER ER STARRT WEITER

ZU MEIN MUTTER ICH SAG
ICH BIN UNSCHULDIG
UND SIE GLAUBT MIR DAS NICHT
UND SIE SAGT ICH SOLL BETEN
UND WEIL ICH BIN SO SCHEISS UNZUVERLÄSSLIG
SIE BETET SOGAR FÜR MICH MIT
ICH SAG ZU MEIN MUTTER
DASS ICH KEIN MUSLIM BIN
SIE FRAGT MICH WAS BIN ICH DANN
UND DAZU HAB ICH NUR ALS ANTWORT
ICH BIN DEIN SOHN!
IN DIESE FAMILIE DA
ICH BIN NUR GUT ZU RAUSGEHEN MIT MÜLL
UND TAMPONS UND KLOPAPIER KAUFEN
ALSO GEHE ICH RAUS MIT MÜLL
UND GEH TAMPONS UND KLOPAPIER KAUFEN
ICH BIN GUT ZU SO WENIG
DASS MEIN MUTTER SAGT
MÖGE GOTT DIR GNÄDIG SEIN
MEIN SOHN!
ICH MACH WAS SCHLIMMES
ICH HAB LUST AUF HASCH
ABER MEIN INTELLEKTUELLE FREUNDE
DIE RAUCHEN NUR AN WOCHENENDE
ICH MELD MICH BEI EIN PENNER VOM BLOCK
ICH SAGE WAS GEHT BRUDER
ICH FRAGE NACH SEIN KRIMINALITÄT
UND WARTE DASS ER WAS MISCHT

WENN WIR GERAUCHT HABEN GEHE ICH HEIM
ICH BIN EIN KANAKE
ICH VERSTEHE NICHT DÄNISCHE SPRACHE
ICH BIN NICHT IN FETTNÄPFCHEN REIN
UND WENN DU WEITERMACHST
MIT REDEN VON FETTNÄPFCHEN
DANN KRIEGSTU PROBLEM!
ICH ESSE EINS
VON DEN GERICHTEN VON MEIN MUTTER
UND GEH RAUS WEIL ICH WIEDER AUF EINBRUCH
   BIN
BEI EIN ALTE FRAU DIE IST EPILEPTIKERIN
ALTE FRAU DIE IST EPILEPTIKERIN
ANGST VOR KANAKE MIT HAUBE MIT LÖCHER DRIN
SCHREIT UND FÄLLT HIN
MEIN HAND AUF IHRE MUND
MEIN FREUND IN IHRE BÖRSE
ICH HEBE SIE RÜBER INS BETT
WIE EIN HEIMBETREUER
UND LASSE SIE IN IHRE EPILEPSIE
WIE EIN HEIMBETREUER
ICH SAG ZU MEIN MUTTER SIE BRAUCHT EINEN
DER IHR MASSIERT DEN RÜCKEN
UND HILFT MIT KARTOFFELN
DOCH MUTTER SAGT UM MASSIEREN GEHT NICHT
UND KARTOFFELN SCHÄLT SELBER
UND HAT ZWEI TÖCHTER DIE SCHÄLEN AUCH
WER IST MEIN MUTTER OHNE IHR KOPFTUCH

FRAU MIT GRAUEN HAAREN ZWISCHEN DIE
   SCHWARZEN
FRAU MIT FOTZE DIE TOT IST
WIE TOPFPFLANZE UND PFARRERSKATZE
FRAU GEBOREN IN FLÜCHTLINGSLAGER
DA WIRD DIE SCHÖN UND JUNG
ABER ALT GENUG FÜR HEIRAT MIT EIN MANN
DER IHR SO EIN DÄNEMARK ZEIGEN KANN
UND FÜR EIN KISSEN AUF IHREM KOPF
MIT KOPFTUCH AUF IHREM KOPF
SIE IST NICHTS ALS MUSLIMA
UND JETZT IST ALLEINSTEHENDE KOPFTUCH IN BLOCK
MIT FÜNF SCHAKALSKINDERN GEBOREN IN FÜNF JAHRE
OHNE KAISERSCHNITT
DENN SIE KONNTEN DEN NICHT HALAL SCHNEIDEN
JA JETZT IST GESCHIEDEN AUF DÄNISCH
ABER AUF ISLAMISCH
MUSS GEHORCHEN NOCH IMMER VATER VON KINDERN
OBWOHL VATER VON KINDERN HAT NEU GEHEIRATET
AUF DÄNISCH UND AUF ISLAMISCH
UND HAT SICH GEMACHT VATER VON NEUE KINDERN
UND HAT SICH GEMACHT NEU GESCHIEDEN
FÜR BETRÜGEN SOZIAL
UND AUF ISLAMISCH NOCH IMMER BESTIMMT
ICH SAGE ZU EIN KANAKE
WAS DU DA REDEN DU
VON DEIN GOTT
MIT SKUNKDUNST AUS DEIN MUND?

DU BIST MUSLIM?
DU WEISST NICHT
OB DU HABEN WILLST HALAL ODER HARAM
DU WEISST DU WILLST HABEN HARAM
ABER DU TUST ALS OB WILLST HABEN HALAL
DU WILLST KEIN SCHWEINEFLEISCH
MÖGE ALLAH DIR LOHNEN DEIN ESSGEWOHNHEIT
DU WILLST HABEN FREITAGSGEBET BIS ZU
  KOMMENDE FREITAGSGEBET
DU WILLST HABEN RAMADAN BIS ZU KOMMENDE
  RAMADAN
UND ZWISCHEN FREITAGSGEBETE UND RAMADANS
DU WILLST HABEN MESSER EINSTECKEN
DU WILLST GEHEN ZU LEUTE
UND FRAGEN OB SIE HABEN PROBLEM
OBWOHL DAS EINZIGE PROBLEM DAS BIST DU
DU WILLST HABEN DÄNISCHE FOTZE
BIS DU WILLST HABEN MEIN SCHWESTER
DU MIT DEIN EINE GESCHMACKSKNOSPE
DU GENIESST ZAMZAM
MIT DEIN ANDERE DU GENIESST SCHNAPS
DU WILLST HABEN HASCH
UND KRIMINALITÄT UND SOZIALHILFE
DU WILLST HABEN FREITAGSGEBET BIS ZU
  KOMMENDE FREITAGSGEBET
DU WILLST HABEN RAMADAN BIS ZU KOMMENDE
  RAMADAN
DOCH DU PACKST NICHT DAS FASTEN

DU PACKST NUR DAS FEST
DU PACKST NICHT KORAN
DU PACKST NICHT DAS KNIEN
DU HAST KEIN LUST ZU PRAKTIZIEREN
DOCH DU WILLST UNBEDINGT PREDIGEN
DU BIST MUSLIM?
DU BIST ENTWEDER GLÄUBIGE DIEB ODER
   ABERGLÄUBIGE DIEB
ALSO WARUM FÜR UNGLÄUBIGE DIEB GIBT EIN FATWA?
DU WARTEST
BIS ALLAHS ERLÖSUNG DIR FÄLLT AUF DEIN KOPF
DOCH DU KANNST NICHT SELBER GEHEN AUF
   ERLÖSUNG ZU
DEIN GROSSVATER DER HATTE OLIVENBAUM
UND MEIN GROSSVATER DER HATTE OLIVENBAUM
DOCH DANN FAND DEIN GROSSVATER
   FLÜCHTLINGSLAGER
UND DANN FAND MEIN GROSSVATER
   FLÜCHTLINGSLAGER
DANN IST DEIN VATER GEBOREN IN
   FLÜCHTLINGSLAGER
UND DANN IST MEIN VATER GEBOREN IN
   FLÜCHTLINGSLAGER
DANN FLÜCHTET DEIN VATER VON FLÜCHTLINGSLAGER
UND DANN FLÜCHTET MEIN VATER VON
   FLÜCHTLINGSLAGER
UND DANN UNSERE VÄTER VERWANDELN
DÄNISCHE BLÖCKE IN FLÜCHTLINGSLAGER

SIE HOLEN UNSER GROSSELTERN
UNSER ONKEL UND TANTEN
UND KRIEGEN SIE ALLE SOZIALHILFE
SIE HOLEN IHR COUSINS UND IHR COUSINEN
UND DANN SIE FANGEN AN MIT IHR
INZEST INDOKTRINIERUNG
EINPASSUNG INSHA'ALLAH
UND DU WIRST ESEL
WASCHECHTER ESEL
DU WIRST HIPHOP UND KRIMINELL UND MUSLIM
DU REDEST IN GEBROCHEN DÄNISCH
UND IN GEBROCHEN ARABISCH
MIT EINE HAND DU GRÜSST DEIN GOTT
MIT ANDERE DU SCHIEBST IHN WEG
DU BIST MUSLIM?
DEIN BLICK IST SCHWARZ WIE KAABA-STEIN
ABER DIR FEHLTS AN BEDUINENDOKTRIN
DU HATTEST EIN SOZIALE ERBE
JETZT HAST DU ZWEI
IN DIESE LAND HIER WO BIER IST BILLIGER ALS
   WASSER
ALSO WER BIST DU
DU SCHEISS KANAKE
MIT HOSEN IN STRÜMPFEN
UND H_2O-SANDALEN
ICH FICK DICH IM TURM
MIT EIN DIKTAT
ICH BRING DICH AUF TITELBLATT

ZU DEN BULLEN SAGE ICH DAS GLEICHE
ICH BIN UNSCHULDIG
UND DIE DA FORDERN ICH SOLL GESTEHEN
UND SIE WERFEN MICH IN U-HAFT
DAMIT ICH MICH LANGWEILE BIS ICH MACH
  GESTÄNDNIS
UND BEVOR SIE TÜREN ZUSCHMEISSEN SAGEN SIE
DIE SACHE HIER IST SEHR ERNST
SIE DROHEN MIT GEFÄNGNIS UND SAGEN
SIE HABEN DNA UND ZEUGEN UND VIDEO
ABER ICH WEISS
HÄTTEN SIE DNA UND ZEUGEN UND VIDEO
SIE WÄREN NICHT GEWESEN SO GROSSZÜGIG
MIT LOCKERE HANDSCHELLEN UND KAFFEE UND
  KIPPEN
ALSO ICH BIN UNSCHULDIG
PLUS ICH HABE EIN ANWALT
DER HAT EIN NAME DER HEISST BONNEZ
DER HAT EIN MUND DER MACHT HYPOTHESEN
UND JURISTISCH VERWERTBARE RÄUBERPISTOLE
DIR DIREKT INS GESICHT
ALSO ICH BIN UNSCHULDIG
UND ICH MUSS SCHLAFEN
UND WENN EIN RUNDRÜCKIGE BEAMTER MICH WECKT
  BIN ICH IMMER NOCH UNSCHULDIG
UND BALD MAN LÄSST MICH FREI WIEDER SCHULDIG
  ZU WERDEN
UND ZU KANAKEN VOR FAKTA

SAGE ICH DIE BULLEN SIND DUMM!
ICH VERKORKSE WORTSTELLUNG
UND ICH SAG WALLAH
ICH SAG DIE BULLEN SIND HÄSSLICH
WALLAH SIND DIE DUMM!
DIE DA
DIE HABEN MIR PFEFFERSPRAY GEGEBEN DA WAR
   ICH AUF DEM BAUCH
MIT HANDSCHELLEN AN
ICH HAB GESCHRIEN BULLENSCHWEINE
UND EINER MIT BISSCHEN EHRE
HAT MICH GESCHLAGEN MIT KNÜPPEL
ICH HAB GESCHRIEN SCHLAG MICH NOCH MAL
   BULLE
UND ER ER HAT GEMACHT WAS ICH GESAGT HAB
ICH HAB GESCHRIEN
ABER PLÖTZLICH WAR DA KEINER MEHR DER
   GESCHLAGEN HAT
ICH SAG DAS DEN KANAKEN
UND DIE SAGEN DAS IST KRASS
FUCK DÄNEMARK SAGEN DIE
UND ICH SAGE FUCK DÄNEMARK
WIE TRINKSPRUCH
DURCHHALTEN SAGEN SIE
UND ICH SAGE DURCHHALTEN
WIR KANAKEN WIR HABEN VIEL MEINUNGEN VON
   DIE
SOMALIER DIE KANN KEINER LEIDEN

AFRIKAS ARSCHLÖCHER STINKEN IN TREPPENHAUS
DU WIE DU ÜBERHOLST DEINE EIGENE IMPRO
DU MACHST ABADABADABA MIT KÖRPER UND MIT
  MUND
DA SIND ICH UND HASSAN UND MOHAMMED
UND ICH HATTE KEIN HANDSCHUHE AN
WALLAH WIR HABEN ALLES MITGENOMMEN!
WIR HABEN GUTE PREIS GEKRIEGT BEI HEHLER-HASSAN
UND WIR HABEN GERAUCHT EIN GERÄT
WIR HABEN DAS GEREGELT IM WAGEN
DIEBESGUT UND GELD
ÜBER DEN KOPF VON SEIN GANZ KLEINE KIND
WÄHREND KORAN SPIELT
ZU MEIN COUSIN SAG ICH FICK NICHT MEIN
  GLÜCKSSTRÄHNE
MIT EUER HURENGRAMMATIK
ICH SAG ICH HAB KEINEN NIEDERGESTOCHEN
ICH KOMME FREI
WEIL ICH GESAGT HABE ICH BIN NICHT SCHULDIG
ICH SAGE SIE SOLLEN MEHR ZUGEBEN DIESMAL
ICH WAR BEI LETZTE MAL DER SÜNDENBOCK AKHUJ!
UND DANN FINDEN WIR EIN ORT WO WIR RAUCHEN
  JOINT
UND MACHEN BRUCH
UND DANN SIND WIR SO DRÜBER
ZU MEIN BRÜDER SAG ICH
SIE SOLLEN SICH BENEHMEN
ICH SAG MAN KOMMT NICHT WEIT MIT STEHLEN

ICH SAG ES IST ZEIT SIE REISSEN SICH ZUSAMMEN
ZU DEM EINEN SAG ICH GEH DEIN SCHULE
ZU DEM ANDEREN SAG ICH GEH DEIN ANSTALT
DER IN ANSTALT SAGT ER SOLL GRÜSSEN VON
    ERZIEHER
ER FRAGT OB ICH KAUFE IPHONE
DER NOCH NICHT IN ANSTALT IST SAGT
ER HAT MICH MIT DAMENHANDTASCHE
LAUFEN GESEHEN SHOPPINGCENTER NORD
ER SAGT ER HAT MEIN NAME GESCHRIEBEN
AUF COMPUTER VON SCHULZAHNARZT
ER SAGT DASS ICH HAB SECHS LÖCHER IN ZÄHNE
ICH SAG ER SOLL MAUL HALTEN
UND ICH MERK DIE KÄLTE IN MEIN ZÄHNEN
ZU MEIN SCHWESTERN ICH SAG KEINEN FURZ
ABER ICH SAG
HOL WASSER HOL ESSEN HOL ASCHENBECHER
ICH BESTEHE AUF DÄNISCH SPRECHEN
WENN DIE HABEN FREUNDINNEN ZU BESUCH
ICH SAG HALLO SIE SAGEN SALAM
ICH LÄCHLE ICH SEHE MEIN ICH IN SPIEGEL
DER DA IN SPIEGEL SIEHT MEIN ICH
ICH MUSS NIE ETWAS ANDERES ANSEHEN
DESHALB IST DIE SPIEGELUNG
DAS SCHLIMMSTE WAS ICH KENNE
ICH KOMM WIEDER HEIM FÜR SCHEISSEN
VIELLEICHT DENKEN SIE
UNSEREM BRUDER SEIN SCHEISSE RIECHT DÄNISCH

EIN VON MEIN COUSINS ER KNACKT GOLDSCHMIED
KNAST REIN KNAST RAUS
ER KNACKT GOLDSCHMIED
KNAST REIN KNAST RAUS
ER KNACKT GOLDSCHMIED
ER VERSCHEUERT DEN SCHMUCK IN DEUTSCHLAND
UND LEIHT SICH EIN BENZ AN GRENZE
ER TRITT BISSCHEN AUF GAS IN SEIN POLIZEIBEZIRK
UND SO KNAST REIN WIEDER
UND WENN WIEDER KNAST RAUS
ER KNACKT GOLDSCHMIED
KNAST REIN KNAST RAUS
ER KNACKT GOLDSCHMIED
UND MEIN ANDERE COUSIN DER AUCH KNAST REIN
UND EIN KONVERTIERTE FRAU AUS KOPENHAGEN
ZIEHT EIN IN SEIN KRIMINELLE QUADRATMETER
UND MACHT SIE ZU HEILIGE QUADRATMETER
JETZT MACHT ER ALSO GUTE TATEN
WÄHREND ABSITZT SCHLECHTE TATEN
UND JETZT HAT ANGEFANGEN MIT RITUALEN
WIE ER DAS IMMER SO MACHT IN HARTE ZEITEN
JETZT IST ALSO NICHT KRIMINELL
JETZT IST NUR MUSLIM MASHA'ALLAH!
UND AUF FACEBOOK SCHREIBT
INSHA'ALLAH MÖGE ZEIT SCHNELL VERGEHEN
UND SIE PASST AUF SEIN SOHN AUF
ALSO PRAKTISCH SIE MACHEN GUTE TATEN EINANDER
SIE MACHEN HASANAT

VIELE JAHRE
MEIN AMU ALI ER HAT REINGESCHOBEN SEIN
   BESCHNITTENEN
ABER MEIN TANTE IHR FOTZE IST NICHT
   FUNKTIONELL
MIT KOPFTUCH SIE IST HÄSSLICH
OHNE KOPFTUCH SIE IST HÄSSLICH
TANTE BITTE DEIN KOPFTUCH
LASS AUF MÖGE ALLAH DICH BELOHNEN
ICH KRATZ MEIN LINKE ARSCHBACKE MIT MEIN
   RECHTE HAND
UND PISS MIR FAST IN DIE HOSE VOR WONNE
ICH PISS AUF ALLAH UND AUF SEIN GESANDTEN
UND AUF ALLE SEIN NUTZLOSE JÜNGER
DER KÖRPER WÄCHST UND PLÖTZLICH
JA SO SCHEISS PLÖTZLICH SOLL MEIN SCHWESTER
   WERDEN WEGGEGEBEN
ZU EIN GELLERUPKANAK!
DAS IST KEIN ZWANG
SCHWESTER IST VOLL DAFÜR!
SIE IST VERLIEBT!
ABER SCHWESTER ICH WEISS ES BESSER ALS DU!
DESHALB ERLAUBE ICH MIR
UND BRINGE ZU AUSDRUCK MEIN SORGE
MEIN BESSERWISSERSORGE
MEIN DÄNENSORGE
ICH WEISS DAS IST DAS ERSTE MAL
DU BIST VERLIEBT

WEIL DU NIE WARST
IN ZELTLAGER ODER AUF KLASSENFAHRT
WEIL DU NIE WARST AUF FESTEN
WEIL DU NIE GEREDET HAST MIT EIN JUNGEN
WEIL DA NIE EINER WAR
DER DICH GENANNT HÄTTE SCHARMOUTA
WEIL DU WARST VERHÜLLT
VON ZU HAUSE ZU SCHULE UND VON SCHULE NACH
    HAUSE
UND JETZT BIST DU VERLIEBT!
DEIN STUDIENGELD IST NICHT DEINS
ES ERGÄNZT SOZIALHILFE VON MUTTER
ENTWEDER DU SAUGST STAUB ODER DU WÄSCHST AB
SCHWESTER DARF NICHT MACHEN KLOPF KLOPF
AN TÜR VON JEMAND
SCHWESTER MUSS WARTEN DRAUF
DASS EINER KOMMT UND MACHT KLOPF KLOPF
AN TÜR VON IHR
SO SITZEN SIE RUM
MIT IHRE MÜTTER ALS WACHE UND ALLAH IN
    FERNSEHEN
UND RAUCHEN WASSERPFEIFE
UND DANN SCHNELL MACHEN GELIEBTE AUS SICH
SCHWESTER ICH VERKENNE NICHT DEIN GEFÜHLE
ABER ICH SCHÄTZE
DAS IST ERSTES MAL VERLIEBTSEIN
UND ICH SCHÄTZE
DAS ERSTE MAL VERLIEBTSEIN NICHT WIRD HALTEN

ICH SCHÄTZE
DAS ERSTE MAL VERLIEBTSEIN
DAS IST GEFÄHRLICHSTE VERLIEBTSEIN
WENN MÜNDET IN EHESTAND
MIT EIN MUSLIM
SCHWESTER DENN IN DIESEM LAND DIE MUSLIME
  SIND ARM
UND DU WEISST
ES IST MANN DER FÜR HOCHZEIT BEZAHLT
UND NICHT ZULETZT EKLIGE TORTE
DIE ICH BITTER ESSEN WERDE
SCHWESTER DU SOLLST WISSEN
FÜR HOCHZEIT GIBT ES GELD NUR EIN EINZIGE MAL
UND IHR WERDET SCHNELL SEIN MIT KINDER
WEIL MUSLIME HABEN ES EILIG
UND NACH PROPHETEN SOLLEN SIE HEISSEN
ICH BIN PROPHETENNAME
UND DU BIST PROPHETENNAME
UND JETZT HABEN WIR PROPHETENNAMEN ÜBERALL
PROPHETENNAME MIT KAPPE IN KRIMINELL KLUB
PROPHETENNAME MIT FLEISCHSOSSENKITTEL IN
  KEBAPHAUS
PROPHETENNAME MIT KETTENGOLD IN KIOSK
PROPHETENNAME MIT OVERALL IN
  MECHANIKERWERKSTATT
UND DANN DIE VERLOBUNG!
UNTER DEN GÄSTEN WIR HATTEN EIN TEUFEL
WIR HATTEN SIEBEN IMAME IN BEDUINENMODE

WIR HATTEN EINE MENGE UNBRAUCHBARE FRAUEN
ABER WIR HABEN SIE GEBRACHT IN EIN ZIMMER
UND SIND GEFOLGT DEN IMAMEN UND DEN COUSINS
UND DEN GELLERUPKANAKEN IN DAS WOHNZIMMER
UND FRAUEN SCHREIEN VOR FREUDE DANN UND WANN
UND WIR SCHÜTTELN DEN KOPF ÜBER SIE
UND DIE FLEISSIGSTEN LIPPEN REDEN GOTT NACH DEM MUND
ABER NACH DER VERLOBUNG
BIST DU ZUM GLÜCK ZU VERNUNFT GEKOMMEN SCHWESTER
ICH ERINNER MICH NICHT AN MEIN SCHWESTERN
OHNE KOPFTUCH OHNE KLEIDER
ABER HEUT MORGEN IST EINE VON IHNEN GEKOMMEN IN KÜCHE
IN SHORTS UND UNTERHEMD
UND JA WALLAH!
MEIN SCHWESTER HAT BRÜSTE!
MEIN SCHWESTER HAT BEINE!
MEIN SCHWESTER HAT FÜSSE!
WEIL MEIN VATER IST FEIGLING
UND WEIL ICH BIN ÄLTESTE SOHN
ICH SOLL MANN IN HAUS SEIN
ABER MEIN SCHWESTERN SOLLEN NICHT WISSEN
ICH HAB EIN SCHWANZ
WENN MEIN MUTTER MICH SIEHT IN UNTERHOSEN
SIE SCHREIT
SIE SCHREIT UND SIE WIRFT EIN FLUCH

UND EIN JOGGINGHOSE
GIB MIR KRÜCKEN FÜR ZUKUNFT
EMPATHIE DAS HABE ICH NICHT EMPATHIE
ICH VERSCHENKE MEIN KINDHEIT
UND VON VIER GESCHWISTERN DIE KINDHEIT AN
  PAPIER
ICH STELLE MEIN ELTERN BLOSS
UND VON VIER GESCHWISTERN DIE ELTERN
UND ICH ZIEHE AM BART VON IHRE GOTT
WAS BIN ICH FÜR EIN BRUDER
WAS FÜR EIN SOHN!
PLÖTZLICH SAG ICH NICHTS ZU NIEMAND
ICH SCHULDE GELD EIN KANAKEN
ICH MUSS IHN NIEDERSTECHEN
WENN ICH IHN SEH
ICH SCHULDE GELD EIN KANAKEN
DER MICH NIEDERSTICHT WENN ER MICH SIEHT
WENN ICH IHN NICHT NIEDERSTECHE WENN ICH
  SEH
DASS ICH IHN ZUERST GESEHEN HAB
UND STECH IHN NIEDER!
ABER EIN SCHNELLER POLIZIST DER LEGT MICH IN
  HANDSCHELLEN
UND DEM IST EGAL
DASS ICH BIN UNSCHULDIG
UND DEM IST EGAL
DASS ICH HABE EIN ANWALT
DER HAT EIN NAME DER HEISST BONNEZ

JA DER DER BESTELLT NUR GERICHTSVERNEHMUNG
UND MACHT MIR NOCH KLEINE SCHULDEN
   OBENDRAUF AUF DIE GROSSEN
PLUS ER HAT MICH GEFANGEN
IN MEIN VERBRECHERJOGGINGANZUG
JA ICH HAB NICHT
MEIN ZIVILISIERTE UND STRAMM GENAU PASSENDE
   JEANS AN
ALSO VOR GERICHT ICH SEH AUS WIE SO EIN COUSIN
ALSO DIE NÄCHSTEN PAAR WOCHEN
ICH BIN BEFREIT VON NIEDERSTECHEN
JA DIE NÄCHSTEN PAAR WOCHEN
ICH HAB ZEIT ZU DICHTEN
ABER JETZT BIN ICH GRADE FRISCH AUS U-HAFT
UND DER WIND DES FREIEN MANNES
SCHLÄGT IN MEIN DESILLUSIONIERTES GESICHT
ICH BIN SCHON AUF WEG ZU PUSHER
AUF WEG ZU COUSIN
AUF WEG ZU EINBRUCH
AUF WEG ZU HEHLER-HASSAN
AUF WEG ZU INFORMANT
JA ICH BIN SCHON AUF WEG ZU INTELLEKTUELLE
AUF WEG ZU JOURNALISTEN
AUF WEG ZU KÜNSTLER
AUF WEG ZU LESUNG
AUF WEG ZU DICHTER
AUF WEG ZU RUHM
JA ICH BIN AUF WEG ZU SONNENSTRAHLGESCHICHTE!

UND JETZT ICH HABE BEWILLIGT BEKOMMEN EIN
   HOCHSCHULPLATZ
DAMIT ICH VON GHETTO KANN WEGKOMMEN!
DAMIT ICH MEIN MUTTER KANN STOLZ MACHEN!
ICH BIN FERTIG MIT KRIMINALITÄT
ICH BIN EINFACHE HOCHSCHULSCHÜLER
IM SCHRIFTSTELLERKURS SOGAR NOCH!
EIN EX-INSASSE
EIN EX-KRIMINELLER
EIN EX-HASCHOMAN
EIN MUSTERBRUCH DENKE ICH!
JETZT ICH HABE EIN ZUKUNFT!
ABER DIE DA SAGEN
DASS ICH REDE MIT AKZENT
UND ICH SAGE
DASS ICH NICHT REDE MIT AKZENT
ICH REDE MIT AARHUSIANISCH
OBWOHL ICH BIN PALÄSTINENSER OHNE STAAT
JA ICH BIN VON LANGELAND VON MITTLERE OSTEN!
UND ALLE WIR VON LANGELAND VON MITTLERE
   OSTEN
WERDEN GETRÖSTET MIT ZIVILISIERTE SPRACHE
UND MIT VIELFARBIGE PASS VON ZIVILISIERTE LAND
DIE DA DIE HURE AUS JOURNALISTENKURS
SAGT DASS ICH NICHT AUSSEH WIE DICHTER
UND ICH SAG DU SIEHST NICHT AUS WIE HURE
ICH FINDE PUSHER VON STADT
UND RAUCHE EIN JO UND STEHLE DREI IPHONES

UND ICH WERD RAUSGESCHMISSEN
DOCH SIE WÜNSCHEN MIR GUTE ZUKUNFT
UND PLÖTZLICH ICH SAG WIEDER WAS
ZU VORSTEHER SAG ICH ICH UNSCHULDIG
ZU LEHRER SAG ICH ICH UNSCHULDIG
ZU SCHÜLER SAG ICH ICH UNSCHULDIG
ZU LEKTOR BEI MEIN VERLAG SAG ICH DAS GLEICHE
ICH SAGE TSCHÜS
ICH SAGE BYE
ICH SAGE SALAM
ICH BREITE MEIN KÖRPER AUS AUF ROTE SOFA
ZU FRAU DIE ICH FICKE
ICH SAGE SETZ DICH AUF HOCKER
ICH NENNE SIE LEHRERIN
ODER PÄDAGOGENFRAU
ODER DIE FEUCHTE SPALTE
ALS ICH ZULETZT MICH AUFGEHALTEN HABE UNTER
   DIESE STUKKATUR
HAB ICH ENTFALTET MEIN BREITE ARABERZUNGE
UND HAB ICH GELECKT IHR ARSCHLOCH
UND ICH WERDE DAS WIEDER MAL TUN
   HÖCHSTWAHRSCHEINLICH
DOCH HEUT SIND GEDANKEN GENUG
VIELLEICHT WEGEN FUSSELN IM DAMMBEREICH
DAS MACHT ES NOTWENDIG ZU LECKEN
JETZT WO AUS ZÄRTLICHKEIT WURDE MECHANISCHES
   GRUNZEN
ICH WÜRDE MIR LIEBER ZUNGE ABSCHNEIDEN

UND SIE IN IHREN ARSCH STECKEN
ALSO KOMM UND NIMM MEIN STINKENDE GLIED IN
   DEIN MUND
AUF WAS WARTEST DU NOCH
ICH UND MEIN DUNKLE SEELE
UND MEIN SCHWANZ AUF DEIN MUND
JETZT HAB ICH GEFUNDEN EIN NEUE FRAU
EIN JUNGE EIN KLUGE EIN SCHÖNE
MIT VORSCHUSS KAUFE ICH FLUGTICKETS
DU BIST SUPERNORMAL
DU HAST ELTERN MIT WOHNWAGEN IN
   NORDITALIEN
ICH BIN GROB IN EIN HOTELZIMMER IN ROM
ICH SCHMEISS DEINE SACHEN HINÜBER ZU TÜR
UND SAG VERPISS DICH NACH NORDITALIEN
ICH FILME DICH NACKT UND AM HEULEN
ICH ERPRESS DICH
2 FICKS UND 20 EURO
ICH DENK NUR AN SEX
UND GELD ABER
DA DIE RUINEN
WAS DA WAR WAR SO SCHÖN!
ICH HAB KEIN EMPATHIE
EMPATHIE DAS HAB ICH NICHT
ICH HAB UNSCHULD UND TRÄNEN
ICH MEINE WAS TIEFES
NEBEN DER ERKENNTNIS
DOCH ICH MACH NICHTS ALS KLISCHEE

ALSO BITTE SEHR
EIN KLISCHEE
FÜR DEIN KLEINE KLISCHEEKOPF
MEIN INTELLEKTUELLE FREUND DER SAGT
ER BRAUCHT MEIN HILFE UM EINEN ZU SCHLAGEN
DOCH ALS ICH SEHE
WEN MEIN INTELLEKTUELLE FREUND
BRAUCHT HILFE ZU SCHLAGEN
ICH SAG NUR GIB DEM EIN TRITT
DEM DA
DER IST NICHTS ALS 40 KILO JUNKIE
UND GLAUBT AN SCHICKSAL
ABER MEIN INTELLEKTUELLE FREUNDE SIND
   SCHWUCHTELN
MEIN EMPATHIE
DIE ZÜND ICH AN DIE BLAS ICH AUS
ICH FLÜSTERE EIN BINSENWEISHEIT IN DEIN OHR
JETZT MACHT KOMMUNE LÖCHER IN MEIN ZUKUNFT
DA HABEN SIE NUR GEWARTET AUF KLEINIGKEIT
UND JETZT KÖNNEN SPAREN
MEIN SACHBEARBEITERIN SAGT
ICH BIN NICHT BEREIT FÜR HOCHSCHULE
JA ICH BIN NICHT GUT GENUG FÜR GRUNDTVIG!
DIE DA SAGT
SIE WOLLEN MICH NICHT ZWINGEN IN EINRICHTUNG
   REIN
WEIL JETZT BIN ICH GROSS
DOCH ICH WEISS SIE MÜSSEN SPAREN

UND JETZT SIE HABEN GENOMMEN MEIN ESSENSGELD
SIE REDEN VON KINDERGELD
UND SEIT GEFICKT HAB MEIN KONTAKTFRAU
SIE SCHLAGEN MIR NUR VOR KONTAKTMÄNNER
UND ICH SAG WENN IHR MIR WEGNEHMT MEIN HASCHGELD
BIN ICH JA GEZWUNGEN ZU RAUB
SIE SAGT NEIN NEIN ICH SOLL SCHREIBEN
UND BY THE WAY ICH SOLL ÜBERHAUPT GAR NICHT RAUCHEN!
SIE SAGT ICH BIN TECHNISCH GESEHEN ZU HAUSE IN OBSORGE
UND BALD WERD ICH 18
DANN KANN ICH SOZIALHILFE KRIEGEN
ABER ERST MUSS ICH ABSITZEN
ABER WENN ICH VOR GERICHT BIN
ANKLÄGER SAGT NICHTS GEGEN MEIN KARRIERE
ER KENNT MICH AUS FERNSEHEN
UND RICHTER KRISTOFFERSEN
ER BRAUCHT KEIN SCHREIBEN
ÜBER MEIN AUFNAHME IN SCHRIFTSTELLERSCHULE
ER LIEST ZEITUNGEN
UND WAS DA STEHT IN ZEITUNG IST WAHR
SAGT RICHTER KRISTOFFERSEN
UND LÄSST MICH DAVON AUF BEWÄHRUNG
UND SCHAUT MEIN COUSINS BISSCHEN STRENGER AN

ICH MUSS DIESMAL NICHTS ABSITZEN
IN MEIN KINDHEIT HAT MEIN VATER GESPIELT FRISEUR
WENN ER NICHT HAT GESPIELT HENKER
ER HAT MASCHINE GEHABT
ER HAT IMMER GESCHOREN MIT DER
ERST HAT GESCHOREN SEIN EIGENE KOPF
DANN HAT GESCHOREN MEINEN
DANN HAT GESCHOREN DEN VON MEIN BRUDER
DANN HAT GESCHOREN DEN VON MEIN ANDERE
  BRUDER
UND WENN ER IN SEIN SCHLECHTE STIMMUNG WAR
HAT GESCHOREN AUCH DEN VON MEIN MUTTER
UND HAT SIE IN WANNE GESCHMISSEN MIT KALTE
  WASSER
JA MEIN VATER WAR ÜBLER FRISEUR
ALS KLÜGSTER UNTER DEN DÜMMSTEN
WAR ICH VERPFLICHTET
ALS DÜMMSTER UNTER DEN KLÜGSTEN
WAR ICH IMMER NOCH VERPFLICHTET
UND MEIN HAAR ASS MEIN GESICHT
UND ICH HALTE MEIN SCHEISSE ZURÜCK NOCH EIN
  BISSCHEN
WOFÜR LEIDET IHR
ELTERN
WOFÜR LEIDET IHR!
ICH KANN GUT SELBST VERWALTEN MEIN MITGEFÜHL!
IHR HABT INVESTIERT IN MEIN GEBURT
DAMIT IHR PLANEN KÖNNT FÜR MEIN TOD

MÖGE ALLAH ES EUCH LOHNEN!
ICH BIN GOTTVERDAMMT UNSTABIL
ICH RAUCHE EIN MORGENJOINT
ICH SCHWÄNZE DIE SCHRIFTSTELLERSCHULE
ICH KOMME BEI MEIN VERLAG ANGETANZT
MIT DIESE GESICHT DA DAS AUSSSIEHT WIE DAS VON
   MEIN VATER
ZEIGE ES HER
MIT LEBHAFTE SCHWANZ UND SEKRETÄRIN IN
   GEDANKEN
ICH GEB MANUSKRIPT AB DAS KEIN MANUSKRIPT IST
MANUSKRIPT IST KORREKTUR JETZT
SAGT DAME DIE ALS LEKTORIN AGIERT
WÄHREND MEIN JUDENLEKTOR IST AUF KURZE
   URLAUB
UND IN DIESER STADT HIER IN DER ICH GELANDET
   BIN
SPIELT EIN MENSCH BETTLER
UND STRECKT EIN ARM AUS IN ARMUT
UND SCHLIESST EIN HAND IN GIER
ICH RAUCHE ICH TRÄUME NICHT
ICH KENN MEIN TRÄUME NICHT ICH RAUCHE
MEIN KRÜPPELRÜCKEN HAT MICH FALSCH UMARMT
MEIN STEISSBEIN AUF DEM KANN ICH NICHT
   SCHLAFEN
ICH BIN AFFE
MIT TROCKENE SCHEISSE IN MEIN ARSCHBART
ABER MEINE KLUNKER SIND REIF

UND MEIN SAMEN IST REICHLICH
ICH WERD NICHT ÄLTER VON MORAL!
MIR IST DAS EGAL
MIT KLEINER SCHEISSE UND GROSSER SCHEISSE
UND NØRREBRO UND TINGBJERG
UND VOLLSMOSE UND GELLERUP
TROTTELKANAKEN VON WOHNBLOCK ZU WOHNBLOCK
STRASSENDSCHIHADIST VON ECKE ZU ECKE
LAK SHU ALTER
SCHAU JETZT KRIEGST DU ORDENTLICH AUF DEIN ARSCH
TRAGIKOMISCH WIE MAN SAGT
WENN ES NICHT GANZ LUSTIG IST
LASS MICH DICH ZERREISSEN
CHECKST DU NICHT FUSSBALL?
JETZT SIND DA ZEHN TANTEN UND EIN ONKEL
ZWEI COUSINS UND EIN HUND
WANGENKÜSSE UND BÖSE ATEM
KOHLENKAFFEE UND VOGELFUTTER
ROTE FRÜCHTE UND FÜNF KILO BAKLAVA
KOS EMAK KOS OKHTAK
DAS GETRUNKENE IST VERBOTEN
SO GEBEN SICH MANCHE ZUFRIEDEN MIT LINES UND MIT ACID
ABER GUCKSTU EIN ALKOHOLIKER EIN LEBENDE HEMD
GUCKSTU ER FRIERT SEIN FUCKING SCHWANZ EIN
GUCKSTU EIN JUDE DER UNS ALLE LEIDTUN MUSS
GUCKSTU

ICH GEH DIE KOMMUNE AN UM GELD
ICH SAG ICH BRAUCH GELD FÜR TICKET
DOCH ICH RUF KOKSZAHN AN
UND ICH RAUCH EIN AUF IHN
ICH SAG ZU IBO
DASS WIR IHN SCHLAGEN WERDEN
ABER ER IST ZU RUHE GEKOMMEN JETZT
ER SCHNUPFT NUR NACH FREITAGSGEBET
UND JETZT
GEHT ER NICHT MEHR SO VIEL MIT SCHWINGENDEN ARMEN
FRÜHER DA HAB ICH GESCHWOREN AUF KORAN
ABER JETZT DA SCHWÖR ICH AUF MEIN GOTTLOSIGKEIT
UND JEDENFALLS STECH ICH EUCH NIEDER
EINEN NACH ANDEREN
ICH BIN DER WAHNSINNIGE SOHN
ICH HAB AUSGETAUSCHT JOGGINGHOSEN
MIT ZIVILISIERTE UND STRAMM GENAU PASSENDE JEANS
ICH BEKRIEG EUCH MIT WORTEN
UND IHR WERDET ANTWORTEN MIT FEUER
ICH BIN KAFIR ICH BIN MUNAFIQ
ICH BIN HUND
ICH BIN DRECKIG MEIN SEELE IST ARM
UND OBENDRAUF AUF DIE UNTAT DÖSE ICH HIN IN DER FRÜHLINGSSONNE